Il rischio cardiaco della marijuana

Un chirurgo cardiaco spiega i pericoli nascosti della marijuana per il cuore e i polmoni

Jessica Hintz,
Stati Uniti, 2025

Impronta

Titolo del libro: Il rischio cardiaco della marijuana
Sottotitolo del libro: Un chirurgo cardiaco spiega i pericoli nascosti della marijuana per il cuore e i polmoni
Autore: Jessica Hintz

Autore: Jessica Hintz
Contatto: boxingboy898337@gmail.com

Prefazione

Il rischio cardiaco della marijuana: un chirurgo cardiaco spiega i pericoli nascosti della marijuana per il cuore e i polmoni

Per oltre venticinque anni ho aperto il torace delle persone, riparato cuori danneggiati e visto in prima persona cosa decenni di scelte di vita possano fare al corpo umano. Ho operato fumatori, diabetici, maratoneti, adolescenti con difetti congeniti e pazienti anziani che lottano contro le conseguenze del tempo. Ma nell'ultimo decennio, ho iniziato a notare un modello che metteva in discussione tutto ciò che mi era stato insegnato e tutto ciò in cui la società credeva: pazienti che non avevano mai fumato una sigaretta, ma i cui polmoni apparivano anneriti e malati come quelli dei fumatori di vecchia data. Pazienti con gravi ostruzioni coronariche che insistevano di vivere "puliti", fare esercizio fisico, mangiare sano ed evitare tutti i consueti rischi cardiovascolari.

Quando ho chiesto cosa*fatto*uso, la risposta era quasi sempre la stessa:

"Solo marijuana. Ma è naturale, quindi è sicura."

La loro sincerità era autentica. La loro fede era autentica. Ma i loro corpi raccontavano una storia diversa.

Nelle sale operatorie di tutto il paese, i chirurghi hanno visto la stessa cosa: gravi macchie polmonari, vie aeree infiammate, danni arteriosi prematuri e ostruzioni inaspettate in persone la cui unica esposizione al fumo proveniva dalla marijuana. Eppure, fuori dalle mura ospedaliere, domina una narrazione molto diversa, che presuppone che la marijuana sia innocua perché "biologica", "erboristica" o "naturale".

Lo scopo di questo libro non è giudicare, criticare o moralizzare. Il mio obiettivo è semplice:

per fornire fatti che a troppe persone non sono mai stati raccontati, fatti che potrebbero salvare una vita.

La marijuana oggi è più forte di decenni fa. Le persone la inalano in modo diverso dal tabacco. Il movimento per la legalizzazione ha involontariamente offuscato il confine tra "legale" e "sicuro". E la cultura del benessere l'ha ribattezzata un innocuo antidoto allo stress. In mezzo a tutto questo trambusto, la scienza ha faticato a tenere il passo, e anche quando ci riesce, le sue scoperte raramente raggiungono le persone che ne hanno più bisogno.

Questo libro è il mio tentativo di colmare questa lacuna.

Si basa su ricerche sottoposte a revisione paritaria, evidenze cliniche e, soprattutto, su anni trascorsi a osservare direttamente polmoni, arterie e cuori danneggiati dal fumo cronico di marijuana. Sebbene la marijuana possa avere applicazioni mediche e possa essere più sicura del tabacco in determinati contesti, fumarla è*non*Un atto privo di rischi. Il fumo, indipendentemente dalla sua origine, ha delle conseguenze. I polmoni sono stati progettati per l'aria, niente di più. E il cuore, a differenza dell'opinione pubblica, non fa distinzione tra "organico" e "sintetico".

Ho scritto questo libro perché molti dei pazienti che si sono rivolti a me con gravi patologie cardiache o polmonari sono rimasti sciocccati nello scoprire che la loro abitudine quotidiana alla marijuana aveva avuto un ruolo. Non ne avevano idea. Nessuno li aveva avvertiti. E quando sono arrivati sul mio tavolo operatorio, il danno era già fatto.
Se questo libro riesce a fare una cosa sola, ovvero ad aiutare anche una sola persona a fare una scelta più consapevole, allora avrà raggiunto il suo scopo.
Nessuna strategia intimidatoria. Nessuna esagerazione. Solo la verità secondo la medicina.

—Jessica Hintz
Dicembre 2025

CONTENUTO

CAPITOLO 1 – L'ILLUSIONE ORGANICA: PERCHÉ LE PERSONE PENSANO CHE FUMARE MARIJUANA SIA SICURO

Per decenni, le persone sono state condizionate a credere che tutto ciò che è "naturale" debba essere innocuo, persino benefico. L'idea è diventata così profondamente radicata nella cultura moderna che la sola menzione di qualcosa di "naturale" è diventata un'abitudine.*organico*Sembra disarmare ogni senso di cautela. La marijuana, forse più di qualsiasi altra sostanza, è sempre stata al centro di questa illusione. Con la diffusione della legalizzazione e l'avvolgersi dei social media intorno alla pianta, avvolta in un alone di innocuo benessere, la convinzione che fumare marijuana comporti rischi minimi o nulli è diventata un presupposto collettivo, un presupposto che è andato ben oltre la semplice abitudine e ora assomiglia a una verità culturale.

Questa illusione nasce da un semplice fraintendimento linguistico. Quando una sostanza viene definita naturale, la mente umana tende ad attenuarne gli spigoli. Esiste un istinto psicologico che equipara naturale a sicuro, come se la terra stessa non producesse nulla di nocivo. Le persone dimenticano che molte delle sostanze più letali – cicuta, arsenico, belladonna, funghi velenosi, tabacco – sono del tutto naturali. Eppure il mondo moderno ha attribuito a questa parola un significato...*organico*a tutto, dagli alimenti ai prodotti per la cura della pelle alle medicine erboristiche, creando un alone di purezza che si estende anche a prodotti con rischi evidenti. La marijuana è stata introdotta in quell'alone attraverso decenni di messaggi culturali. È vista come un prodotto antico, terroso, coltivato nel terreno piuttosto che ingegnerizzato in laboratorio, e quindi si presume che non comporti nessuno dei pericoli tipicamente associati agli intossicanti chimici.

Le radici di questa illusione sono profonde e risalgono a generazioni che consideravano la marijuana un simbolo di ribellione piuttosto che una materia scientifica. I movimenti culturali più antichi la esaltavano come una via di fuga innocua, una pianta che sembrava offrire conforto senza conseguenze. Gli anni Settanta e Ottanta plasmarono una narrazione in cui i consumatori di marijuana contrapponevano con orgoglio la loro scelta all'immagine più dura dell'alcol o delle droghe pesanti. Si tramandavano storie di persone che avevano fumato per anni senza incontrare grossi problemi, e quegli aneddoti divennero di per sé una prova. Si diffuse la convinzione che la marijuana fosse il più dolce dei vizi, qualcosa di mite e indulgente, quasi un rituale di salute piuttosto che un'abitudine.

L'influenza generazionale non si è fermata qui. Quando nuove ondate di giovani hanno abbracciato la marijuana, hanno ereditato la percezione attenuata delle generazioni precedenti. Sono cresciuti sentendo dire che la marijuana era solo una pianta, che era meno pericolosa delle sigarette, che non aveva gli stessi effetti a lungo termine associati al tabacco. Alcuni di loro hanno visto nonni o genitori usarla a scopo ricreativo senza danni evidenti. Questi esempi, anche se limitati o incompleti, hanno rafforzato la convinzione che la marijuana fosse la forma di fumo più sicura che si potesse scegliere, se mai fosse considerata fumo.

Ma qualcos'altro alimentava l'illusione: il cambiamento culturale che accompagnava la legalizzazione. Con il cambiamento delle leggi in diverse nazioni e stati, molti interpretarono l'accettazione legale come un marchio di approvazione medica. La gente cominciò a presumere che, se i governi permettevano la vendita di marijuana, questa dovesse essere stata scientificamente testata per la sicurezza. La legalizzazione creò un alone di sicurezza che si estendeva ben oltre le intenzioni. Molti non si resero conto che la legalizzazione avveniva spesso per ragioni sociali e politiche, non puramente mediche. Il pubblico raramente distingue tra regolamentazione e approvazione. Quando i dispensari compaiono dove un tempo c'erano negozi di alcolici, e quando i menu patinati offrono descrizioni di varietà che assomigliano a etichette di tè piuttosto che ad avvertenze sui farmaci, la conclusione inconscia si rafforza: deve essere sicura.

Il marketing ha giocato un ruolo determinante nel plasmare questa percezione. I dispensari raramente assomigliavano a farmacie o cliniche; al contrario, apparivano confortevoli, artistici, persino lussuosi. I prodotti erano confezionati in eleganti scatole di latta o in sacchetti ecologici, con etichette decorate con foglie, colori tenui e caratteri ispirati alla natura. C'erano nomi rilassanti che enfatizzavano la calma, la creatività o la guarigione. Ogni aspetto della presentazione era progettato per trasmettere un senso di benessere, il che contribuiva a far presumere che i rischi fossero minimi. Quando un prodotto viene venduto in un negozio luminoso e moderno, con piante in vaso in un angolo e musica rilassante in sottofondo, diventa difficile immaginare che possa danneggiare i polmoni o affaticare il cuore.
I social media hanno amplificato questa illusione fino a trasformarla in una credenza diffusa. Su piattaforme piene di brevi video e immagini curate, la marijuana viene spesso rappresentata come un accessorio di stile di vita piuttosto che come una sostanza con conseguenze fisiologiche. Le persone osservavano i creatori rollare canne senza sforzo, espirare fumo nell'aria del tramonto o parlare a bassa voce di come la marijuana li aiutasse a rilassarsi. I commenti sotto questi post spesso riecheggiavano lo stesso sentimento: che la marijuana fosse più sicura dell'alcol, più sicura delle sigarette, più sicura dello stress. Gli spettatori scorrevano queste immagini senza rendersi conto che nessuna di esse mostrava il costo biologico del fumo che entra nei polmoni o l'effettivo impatto sul sistema cardiovascolare.

Un altro livello di illusione derivava dal modo in cui le persone paragonavano la marijuana al tabacco. Molti credevano che, poiché la marijuana non conteneva nicotina e non era associata alle grandi aziende del tabacco, dovesse essere la scelta più sana. Presupponevano che il tabacco da solo causasse il cancro ai polmoni o la bronchite cronica, ignorando il fatto che la combustione di qualsiasi materiale vegetale rilascia sostanze chimiche nocive e particolato tossico. Alcuni consumatori si convincevano persino che il loro metodo di inalazione fosse più delicato, o che la loro frequenza di utilizzo fosse inferiore, e quindi non si esponessero a rischi significativi. Questi confronti permettevano alle persone di giustificare le proprie abitudini credendo che la marijuana fosse il male minore.

L'industria del benessere ha aggiunto la sua influenza. Con l'inondazione del mercato dei prodotti a base di CBD, si è creata una linea sfocata tra i benefici medici e il fumo ricreativo. Le persone vedevano oli, caramelle gommose, tinture e lozioni commercializzati per il sonno, l'ansia e l'infiammazione. Vedevano affermazioni dal suono scientifico associate a termini come cannabinoidi e terpeni. Sebbene CBD e THC differiscano significativamente nei loro effetti e rischi, il consumatore medio spesso li raggruppava sotto un generale senso di beneficio terapeutico. Se il CBD faceva bene all'organismo, ragionavano, allora fumare marijuana non poteva essere da meno. Una pianta che aiutava a ridurre l'ansia o il dolore in una forma non poteva certo essere dannosa in un'altra. La cultura del benessere, nel tentativo di promuovere rimedi naturali, ha involontariamente alimentato un malinteso sulla sicurezza del fumo di marijuana inalato.

Lo strato psicologico dell'illusione potrebbe essere il più potente di tutti. Gli esseri umani tendono ad affidarsi all'esperienza personale più che ai dati scientifici. Se qualcuno fuma marijuana e si sente calmo invece che malato, considererà l'esperienza come benigna. L'assenza di danni immediati convince il cervello che non ci sia alcun pericolo nascosto. Il corpo non invia segnali evidenti che i polmoni siano ricoperti di catrame o che le arterie siano sottoposte a una lieve infiammazione. Poiché le conseguenze si sviluppano silenziosamente nel tempo, la marijuana appare delicata sul momento. Questo rafforza la convinzione che il rischio debba essere basso o inesistente. La mente cerca un feedback rapido e, quando non ne riceve, dà per scontato che sia sicuro.
Le persone sottovalutano il rischio anche quando il danno sembra lontano o astratto. L'idea di una malattia cardiaca o di un danno polmonare sembra qualcosa che accade agli anziani o ai forti fumatori, non a chi fuma qualche spinello nel fine settimana o usa marijuana per dormire la notte. Immaginano il danno come qualcosa di drammatico e immediato, non come un lento accumulo che avviene silenziosamente, al di là della loro consapevolezza. Poiché le fasi iniziali di uno sforzo cardiovascolare o di un'irritazione polmonare non producono sintomi drammatici, i consumatori presumono di sfuggire al danno. Questo falso senso di immunità rafforza la convinzione che la marijuana sia particolarmente delicata.

Oltre a ciò, il dibattito culturale sulla marijuana si concentra spesso sui potenziali benefici, tralasciando in gran parte i rischi. Si sente parlare della sua capacità di ridurre la nausea, aumentare l'appetito o alleviare il disagio in contesti medici. Si sente parlare del suo utilizzo tra i malati di cancro o coloro che soffrono di dolore cronico. Si viene a conoscenza di varietà studiate per il rilassamento o la creatività. Si guardano documentari in cui gli esperti ne discutono il potenziale terapeutico. Tutto ciò crea una comprensione unilaterale che enfatizza la versatilità e la guarigione piuttosto che le conseguenze del fumo su cuore e polmoni. Anche quando le persone riconoscono i rischi, tendono a minimizzarli paragonando la marijuana a sostanze più pericolose. La convinzione non si limita a considerare la marijuana sicura, ma che sia l'opzione più sicura disponibile.
La legalizzazione ha portato un ulteriore livello di fiducia. Quando i governi hanno iniziato a concedere licenze ai coltivatori, a tassare le vendite e a creare confezioni standardizzate, molti hanno dato per scontato che la marijuana fosse stata sottoposta allo stesso livello di controllo di sicurezza dei farmaci. Credevano che fosse passata attraverso filtri normativi progettati per proteggere la salute pubblica. La verità era più complicata. I prodotti erano regolamentati in termini di produzione, distribuzione e limiti di età, ma gli effetti a lungo termine del fumo sulla salute non erano stati eliminati dalle politiche. Ciononostante, il pubblico vedeva la marijuana legale come un segno di affidabilità, come se il governo stesse segnalando che i rischi erano trascurabili.

Mentre il mondo si muoveva verso l'accettazione, si formò un sottile stigma nei confronti di coloro che sollevavano preoccupazioni. Chi metteva in guardia dagli effetti della marijuana sulla salute veniva spesso liquidato come obsoleto o disinformato. Ad alcuni veniva detto che le loro preoccupazioni assomigliavano a vecchia propaganda del XX secolo. Il pendolo culturale aveva oscillato così tanto verso l'accettazione che qualsiasi voce che menzionasse il rischio suonava esagerata o faziosa. Ciò rese ancora più difficile per i veri avvertimenti scientifici raggiungere il pubblico. Molti semplicemente non volevano sentire nulla che contraddicesse la comoda convinzione che avevano coltivato per anni.

Eppure, al di sotto di tutte queste influenze culturali, psicologiche e dettate dal marketing, il corpo rimane indifferente alle convinzioni sociali. I polmoni non distinguono tra fumo naturale e artificiale. Il cuore non adatta la sua reazione in base alla percezione culturale. Il sistema cardiovascolare risponde solo alle realtà chimiche e fisiche che incontra. Quando il fumo di marijuana entra nei polmoni, il corpo lo elabora allo stesso modo in cui elaborerebbe qualsiasi forma di materia organica bruciata: con infiammazione, irritazione, stress ossidativo e un aumento del carico di lavoro per il cuore. Questi effetti non sono attenuati dalle intenzioni dietro l'uso, né dall'origine della pianta. Si verificano silenziosamente, senza preavviso, indipendentemente da quanto il consumatore ritenga sicura la sostanza.

Questo capitolo svela la complessità che si cela dietro l'illusione che la marijuana sia innocua semplicemente perché naturale. È un'illusione costruita su decenni di narrazioni culturali, rafforzata dall'estetica della legalizzazione, supportata dal marketing delle industrie del benessere e sostenuta da pregiudizi psicologici che incoraggiano le persone a fidarsi della propria esperienza più che delle prove scientifiche. È un'illusione rafforzata dai racconti degli amici, dai post curati sui social media, dalle confezioni accattivanti e dall'assenza di sintomi immediati dopo l'inalazione.
Capire perché questa illusione esiste è il primo passo per smantellarla. Solo riconoscendo le forze che hanno plasmato questa convinzione, i lettori possono iniziare a valutare la marijuana con chiarezza, piuttosto che per ipotesi. La verità non è che la marijuana sia unicamente malvagia o universalmente dannosa. È semplicemente che fumare qualsiasi cosa, anche qualcosa di naturale, comporta rischi che non possono essere cancellati dalla percezione culturale o dalle preferenze personali. Questo libro si propone di sfatare i miti che offuscano il dibattito, di far emergere la realtà medica e di aiutare le persone a comprendere il corpo non come una macchina astratta, ma come un sistema delicato che reagisce a ogni sostanza che incontra. L'illusione di sicurezza è potente, ma la conoscenza è più forte.

Capitolo 2 – La prospettiva del chirurgo: cosa hanno rivelato 25 anni in sala operatoria

Diceva spesso che la formazione di un chirurgo inizia molto dopo la laurea in medicina, quando viene aperto il primo torace e la realtà della fragilità umana si leva come vapore dal tavolo operatorio. Il dottor Jeremy London aveva ripetuto questa frase molte volte agli specializzandi che lo osservavano lavorare con la distante riverenza degli studenti che osservano un maestro artigiano. Ma ci credeva ancora di più quando si ritrovava a guardare un paio di polmoni che non corrispondevano alla storia che un paziente aveva raccontato sul proprio stile di vita. Venticinque anni in sala operatoria gli avevano insegnato molte verità, ma nessuna lo aveva turbato più dell'innegabile schema che aveva visto nei pazienti che insistevano di essere "sani" – quelli che non avevano mai fumato tabacco ma avevano polmoni così scuri che una volta aveva osservato che sembravano abitati da uno spazzacamino.

Ricordava il primo caso che lo aveva costretto a mettere in discussione le convinzioni della gente sulla marijuana. Era stato all'inizio della sua carriera, un periodo in cui si fidava ancora di ciò che i pazienti riferivano come la piena verità. Un giovane poco più che trentenne era stato portato in ospedale con dolore al petto, pallido, sudore che gli imperlava la fronte e nessuna storia di fumo. Era relativamente in forma, senza una storia familiare significativa di malattie cardiache, e il referto del pronto soccorso aveva suggerito un candidato insolitamente giovane per un intervento di bypass. Quando il dottor London gli aprì il torace e vide le arterie, lo shock fu immediato. Erano ristrette, rigide e ispessite, simili ai vasi che di solito vedeva in uomini con il doppio dell'età del paziente – uomini che avevano fumato un pacchetto o due di sigarette al giorno per decenni. Ricordava di aver fissato l'arteria ostruita, pensando che i numeri, l'età, la storia... niente di tutto ciò aveva senso. Quando in seguito il paziente confessò di aver fumato marijuana quotidianamente fin dai tempi dell'università, il Dott. London lo aveva notato con discrezione, anche se all'epoca non sapeva bene cosa farsene. Un caso non era un caso ricorrente.

Ma gli schemi tendono a rivelarsi a chi lavora con l'anatomia ogni giorno. Nel corso degli anni, le storie si sono ripetute con inquietante coerenza. Una donna sulla quarantina, che non aveva mai fumato sigarette, si presentò con un'angina instabile e finì per aver bisogno di un triplo bypass. Le sue arterie si erano indurite e ristrette al punto che lui si era chiesto come funzionasse. Aveva parlato a bassa voce quando le era stato chiesto del tabacco, ammettendo di non aver mai toccato una sigaretta. Ma quando suo marito aveva detto che fumava marijuana "per rilassarsi, solo un po' ogni sera", il tassello mancante era andato al suo posto. Il dottor London aveva appreso allora che le persone consideravano la marijuana esente dai rischi associati ad altre forme di fumo, come se le origini naturali della pianta garantissero l'immunità dalle conseguenze fisiologiche.
In sala operatoria, però, il fumo era fumo e i polmoni non mentivano.

Ricordava interventi chirurgici in cui aveva aperto un torace aspettandosi di vedere tessuto polmonare relativamente normale in base ai referti dei pazienti, solo per poi ritrovarsi di fronte a una superficie annerita e screziata che si piegava sotto le sue mani guantate come un telo danneggiato. Riusciva quasi a percepire l'incredulità degli studenti di medicina che sbirciavano oltre la sua spalla e sussurravano che la cartella clinica diceva che il paziente non fumava. Lui rispondeva con una spiegazione pacata, offerta con la voce dolce di chi aveva già assistito a simili episodi, che il paziente fumava marijuana regolarmente. Descriveva gli effetti del catrame indipendentemente dalla pianta di origine, il modo in cui l'infiammazione non distingueva tra foglie di tabacco e resina di cannabis e come i polmoni elaborassero gli inquinanti senza considerare le intenzioni della persona che li inalava.

Il Dott. London aveva sempre affrontato il suo lavoro con una calma deliberata, quella che gli permetteva di parlare anche mentre ricostruiva il cuore di un paziente. Ma più praticava, più provava una crescente frustrazione per la persistente convinzione errata che la marijuana fosse in qualche modo sicura perché era a base di erbe, di origine vegetale o non industriale. Ricordava le innumerevoli volte in cui i familiari si mostravano sorpresi quando spiegava la probabile causa della cardiopatia del loro caro. Rispondevano con voce perplessa, dicendo che la marijuana non era come le sigarette, che era naturale e cresceva dalla terra. Ascoltava pazientemente ogni volta, ma dentro di sé provava la stessa familiare delusione. Aveva capito da tempo che le persone spesso vedevano ciò che volevano vedere, e che la narrativa sulla marijuana era stata plasmata non dalla medicina, ma dalla cultura, dalla comodità e dalle credenze popolari.

Un intervento chirurgico in particolare lo colpì più vividamente di altri. Il paziente era un uomo di cinquantadue anni con grave ostruzione coronarica e improvvisa mancanza di respiro. Apparentemente, sembrava un individuo di mezza età con uno stile di vita relativamente normale. Non beveva eccessivamente, aveva un lavoro moderatamente attivo e non aveva precedenti di fumo. Quando il Dott. London aprì la cavità toracica, la vista fu sconvolgente. I polmoni erano macchiati di nero, punteggiati da depositi simili a fuliggine che si diffondevano sul tessuto in chiazze irregolari. Aveva già visto polmoni simili in precedenza, ma ciò che rendeva questo caso profondamente inquietante era il rifiuto del paziente di credere che le sue abitudini di fumo potessero aver contribuito allo stato in cui si trovava. Quando gli fu detto che il suo consumo di marijuana – spinelli giornalieri per quasi vent'anni – aveva probabilmente avuto un ruolo importante, l'uomo aveva insistito che non era possibile. Aveva descritto la marijuana come pulita, biologica e innocua rispetto alle sigarette. Il dottor London ricordava il modo in cui la voce dell'uomo si alzava leggermente mentre parlava, come se stesse difendendo un amico fidato, e si rese conto di quanto queste convinzioni fossero profondamente radicate nella mente delle persone.
In sala operatoria, le convinzioni si dissolvevano sotto le luci intense della sala operatoria. Alla biologia non importava cosa una persona pensasse che dovesse accadere; rifletteva semplicemente le conseguenze delle scelte fatte nel tempo.

Sebbene gli interventi chirurgici fossero i contesti più drammatici in cui queste verità emergevano, il Dott. London le incontrava anche in conversazioni cliniche più tranquille. Durante i controlli di routine, sentiva i pazienti descrivere mancanza di respiro, senso di costrizione toracica o insolita stanchezza. Negavano con sicurezza l'uso di sigarette, spesso orgogliosi di evitare quello che ritenevano il vizio più dannoso. Ma quando la conversazione si spostava sulla marijuana, la menzionavano con noncuranza, come se non la considerassero un rischio. Molte volte i pazienti dicevano di aver fumato solo "un po'" di marijuana, la parola "un po'" mascherava la realtà di un uso quotidiano o quasi quotidiano. Ascoltava e contava mentalmente gli anni di esposizione, sapendo come apparivano dall'interno i polmoni di quegli individui.

Gli divenne chiaro che la società non solo aveva sottovalutato i rischi del fumo di marijuana, ma li aveva addirittura ignorati del tutto. Una volta si era seduto con un gruppo di specializzandi in medicina che si chiedevano se il fumo di marijuana potesse davvero causare lo stesso livello di danno arterioso del tabacco. Aveva mostrato loro immagini di precedenti interventi chirurgici, confrontando lesioni, ostruzioni e pareti arteriose ispessite, e aveva spiegato in dettaglio come il particolato proveniente dalla combustione di qualsiasi pianta producesse stress ossidativo, infiammazione e danno endoteliale. Uno specializzando aveva osservato con voce sorpresa di non aver mai visto la marijuana inquadrata come un rischio cardiovascolare prima. Il Dott. London aveva risposto che la mancanza di dialogo non rifletteva l'assenza di conseguenze, ma solo una scarsa consapevolezza.

Nel corso dei decenni, vide emergere lentamente studi scientifici che confermavano ciò che aveva osservato per anni. La ricerca iniziò a mostrare rischi elevati di infarto tra i giovani consumatori di marijuana, un aumento dei casi di aritmie dopo il consumo di cannabis e segni di irritazione polmonare simili a quelli osservati nei fumatori abituali di tabacco. Osservò come le istituzioni sanitarie iniziassero cautamente a riconoscere i rischi, sebbene la percezione pubblica fosse in ritardo di molti anni. Lo frustrò vedere quanto profondamente la cultura potesse influenzare le decisioni in materia di salute: come una convinzione ripetuta abbastanza spesso diventasse verità nella mente di coloro che cercavano rassicurazioni piuttosto che realtà.

Ma la chirurgia lo aveva addestrato ad affrontare la realtà senza esitazione. Aveva sopportato operazioni in cui un cuore doveva essere fermato e riavviato nel giro di pochi minuti, in cui un singolo movimento sbagliato cambiava l'esito di una vita. In quei momenti, la lucidità contava più del comfort. E la lucidità che aveva acquisito in venticinque anni era inequivocabile: il fumo di marijuana aveva conseguenze reali, misurabili e pericolose.

Ricordava le notti in cui usciva dall'ospedale dopo un lungo intervento chirurgico, con l'odore di antisettico ancora presente sui suoi camici, e pensava a quanto fosse strano che i polmoni potessero raccontare storie che la gente si rifiutava di sentire. Il tessuto rivelava anni di inalazione, modelli di infiammazione, danni da tossine e l'inconfondibile firma del fumo. Alcuni polmoni apparivano rosa e sani, altri marmorizzati di catrame nero, e alcuni così danneggiati da non riuscire a espandersi. Quando vedeva polmoni scuriti dalla marijuana, non si trattava solo di una constatazione medica; era un promemoria del fatto che la società aveva trascurato qualcosa di importante, qualcosa visibile solo a chi lavorava all'interno del corpo.

Aveva parlato di queste esperienze in occasione di conferenze, sebbene spesso avesse la sensazione che il pubblico fosse diviso tra chi accettava le prove e chi esitava perché l'argomento toccava convinzioni personali o dibattiti politici. Aveva sempre affrontato l'argomento con neutralità, presentando dati e raccontando casi senza esagerazioni. Eppure, la sorpresa sui volti delle persone continuava. Molti si avvicinavano a lui in seguito e gli dicevano a bassa voce di non aver mai considerato la marijuana un rischio cardiovascolare. Alcuni ammettevano persino di averla fumata, chiedendo se dovessero preoccuparsi. Lui rispondeva onestamente, dicendo loro che il rischio aumentava con la frequenza, la durata e il metodo d'uso. Spiegava cosa aveva visto e perché lo preoccupava profondamente, e le loro espressioni passavano dall'interesse superficiale alla preoccupazione riflessiva.

Nel corso degli anni, notò anche come la cultura della marijuana influenzasse la negazione. Le persone credevano nelle sue origini naturali allo stesso modo in cui altri credevano nei rimedi popolari tramandati di generazione in generazione. Ricordò un paziente che aveva insistito con voce perplessa sul fatto che la marijuana fosse solo una pianta, quindi come poteva causare lo stesso tipo di danno delle sigarette? Lui aveva risposto con gentilezza che anche il tabacco era una pianta e che il pericolo non risiedeva nella foglia, ma nella combustione, nell'inalazione dei sottoprodotti della combustione e nell'accumulo di tossine nell'organismo. Il paziente aveva annuito lentamente, assorbendo la spiegazione in silenzio, e il Dott. London aveva nuovamente constatato il divario tra le supposizioni pubbliche e la realtà medica.
Eppure, nonostante i pregiudizi, si avvicinava a ogni paziente con la stessa incrollabile pazienza. Capiva che le persone non abusavano intenzionalmente delle informazioni; semplicemente seguivano narrazioni che sentivano rassicuranti o familiari. Ma capiva anche l'importanza di rendere noti questi rischi, di usare i suoi anni di esperienza per sfidare la convinzione che il fumo di marijuana fosse benigno o innocuo. Ogni polmone annerito che aveva visto, ogni arteria inaspettatamente ostruita, ogni intervento chirurgico che rivelava danni sproporzionati servivano a ricordare quanto fosse vitale questo messaggio.

Negli ultimi anni della sua carriera, la sua convinzione si consolidò ulteriormente. Vide pazienti più giovani sviluppare problemi cardiaci, un tempo osservati soprattutto nelle popolazioni più anziane. Notò un aumento dei casi di dolore toracico legati al consumo di cannabis, soprattutto tra coloro che svapavano o fumavano prodotti ad alta potenza. E vide persone continuare a credere che il fumo di marijuana seguisse in qualche modo regole diverse dal fumo di qualsiasi altra sostanza. Ogni caso lo spinse sempre più vicino alla consapevolezza che un libro come questo era necessario, che qualcuno con esperienza diretta doveva parlare in modo chiaro e comprensibile di ciò che stava accadendo nei corpi in tutto il Paese.

Quando finalmente decise di scriverne, affrontò il compito con la stessa determinazione con cui si era presentato in sala operatoria. Voleva che i lettori provassero ciò che aveva provato lui quando aveva aperto quegli scrigni, che capissero ciò che aveva capito lui quando i polmoni avevano raccontato le loro storie silenziose. Sapeva di non poterli portare fisicamente in sala operatoria, ma poteva avvicinarli abbastanza da vedere la verità: che il corpo umano registra tutto, che la natura non garantisce la sicurezza e che ignorare i rischi non protegge nessuno dalle loro conseguenze.

Riflettendo su venticinque anni di interventi chirurgici, conversazioni post-operatorie e difficili rivelazioni, sentì una profonda responsabilità nel condividere ciò che aveva imparato. Questo libro fu il suo tentativo di tradurre il linguaggio dei polmoni e delle arterie in parole comprensibili. Per lui, il messaggio non riguardava il giudizio o la paura, ma la chiarezza, la consapevolezza e la prevenzione. La sala operatoria gli aveva mostrato ciò che molti non avrebbero mai visto, e credeva che fosse giunto il momento di alzare il sipario per chiunque fosse disposto ad ascoltare.
I polmoni che aveva operato, i cuori che aveva riparato e i pazienti con cui aveva parlato costituivano i capitoli della sua vita professionale. E in ognuno di quei capitoli era emersa una lezione, coerente e innegabile: il fumo, indipendentemente dalla fonte, lasciava un segno. Aveva trascorso decenni a ripulire le conseguenze. Ora, con questo libro, sperava di aiutare gli altri a evitarle.

Capitolo 3 – Il fumo è fumo: a cosa servono realmente i polmoni

I polmoni erano sempre stati una delle strutture più eleganti del corpo umano, due macchine silenziose e ritmiche che funzionavano senza lamentarsi finché ricevevano ciò per cui erano state originariamente progettate: aria pulita. Il dottor London aveva spesso riflettuto sulla loro semplicità e perfezione durante le lunghe notti in ospedale, quando sedeva nella penombra della sala operatoria a esaminare le scansioni dei pazienti. Era lo stesso pensiero che si ripeteva nel corso degli anni: che i polmoni si fossero evoluti per un solo scopo: lo scambio di gas, lo scambio di ossigeno con anidride carbonica in un ciclo così efficiente che anche la minima interruzione poteva scatenare una malattia. Eppure le persone li trattavano come se fossero filtri, capaci di elaborare qualsiasi sostanza decidessero di inalare, come se i polmoni possedessero una resilienza segreta inventata dagli umani anziché ereditata dalla natura.

Ricordava di aver parlato con un gruppo di specializzandi in medicina all'inizio della sua carriera. Stavano osservando i diagrammi degli alveoli – minuscole sacche raggruppate come chicchi d'uva alle estremità di bronchioli ramificati – e lui aveva cercato di spiegare quanto fossero fragili quelle strutture. Aveva detto loro che ogni coppia di polmoni conteneva circa 300 milioni di alveoli, ognuno più sottile di un singolo foglio di carta, circondato da capillari ancora più sottili. Aveva spiegato che la loro intera funzione dipendeva dal mantenimento di quella delicata sottigliezza, perché l'ossigeno poteva passare solo attraverso tessuti che non opponevano resistenza. Gli specializzandi ascoltavano con il tipo di fascino che deriva dall'imparare qualcosa di nuovo, ma lui si chiese se anche loro capissero quanto i polmoni fossero profondamente inadatti a gestire il fumo.

Nel corso degli anni, apprese che la maggior parte delle persone al di fuori del mondo medico credeva che i polmoni fossero più robusti di quanto non fossero in realtà. Immaginavano i polmoni come robusti sacchi in grado di espellere le tossine con una buona tosse o qualche respiro profondo. L'ipotesi popolare era che, poiché i polmoni elaboravano aria costantemente, dovessero anche essere in grado di elaborare le impurità senza grandi costi. Questa convinzione si era rafforzata con l'adozione da parte della società dell'idea di prodotti "naturali". Quando la marijuana fu ampiamente accettata come biologica e innocua, molti interpretarono quell'etichetta nel senso che bruciarla e inalarla fosse altrettanto innocua. La logica sembrava essere che qualsiasi cosa coltivata nel terreno portasse con sé la purezza delle sue origini. Ma il Dott. London aveva visto, più e più volte, cosa succedeva quando questa ipotesi si scontrava con la fisiologia.

Una volta aveva spiegato a una paziente che l'ossigeno non veniva semplicemente inalato, ma disciolto attraverso una membrana così sottile che sembrava miracoloso che riuscisse a mantenersi intatta. La paziente, una donna di mezza età che fumava marijuana da anni, aveva chiesto con voce confusa se i polmoni non avessero una capacità naturale di autopulirsi. Lui aveva risposto che i polmoni potevano rimuovere piccole particelle con l'aiuto delle ciglia – minuscole strutture simili a peli che spazzavano i detriti verso l'alto – ma che il loro sistema di pulizia era più simile a una scopa delicata che a un aspirapolvere industriale. Particelle di fumo, goccioline di catrame e materia organica bruciata sopraffacevano rapidamente quei sistemi, aderendo alle superfici e interrompendo i delicati movimenti che si erano evoluti nel corso di milioni di anni per mantenere puliti i polmoni.

Ciò che la maggior parte delle persone non capiva, pensava spesso, era che il fumo non era semplicemente aria colorata di sapore o odore; era una miscela complessa di minuscole particelle, gas, sostanze chimiche e tossine prodotte dalla combustione. Che la combustione provenisse da tabacco, marijuana, legno, incenso o persino erbe biologiche, il processo di combustione stesso creava sostanze che i polmoni non erano mai stati progettati per gestire. A volte descriveva il fumo come una tempesta di schegge microscopiche, ogni particella abbastanza piccola da superare le difese dell'organismo e annidarsi nei tessuti. Alcune particelle causavano infiammazione, altre generavano stress ossidativo e molte semplicemente non uscivano mai dai polmoni.

Ricordava un momento durante la sua specializzazione, quando aveva osservato per la prima volta un vetrino di un esame istologico che mostrava i polmoni di un paziente che aveva inalato fumo regolarmente. Il vetrino rivelava depositi neri sparsi sul tessuto polmonare come granelli di fuliggine. Il suo medico curante li aveva indicati e aveva detto con tono pratico che questi depositi potevano rimanere nei polmoni per decenni. Il Dott. London aveva fissato il vetrino, rendendosi conto di quanto fosse stato ingenuo nel supporre che i polmoni espellessero tutto ciò che era nocivo. Quella semplice osservazione aveva plasmato la sua comprensione per gli anni a venire: i polmoni accumulavano la storia di ciò che le persone inalavano, registrandola in tessuti che non potevano essere ripuliti. Pensava spesso ai milioni di alveoli la cui funzione dipendeva dal rimanere aperti, elastici e liberi da ostruzioni. Ogni alveolo richiedeva pareti sottili per massimizzare il trasferimento di ossigeno. Se l'infiammazione ispessiva quelle pareti, lo scambio rallentava. Se il catrame ricopriva quelle superfici, lo scambio si indeboliva ulteriormente. Se l'irritazione cronica irrigidiva il tessuto circostante, i polmoni faticavano a espandersi. E quando i polmoni faticavano, anche il cuore faceva lo stesso, pompando più forte per compensare il ridotto apporto di ossigeno. Aveva visto una tale tensione durante innumerevoli interventi chirurgici, il cuore che lavorava a pieno ritmo mentre i polmoni mostravano le inconfondibili cicatrici di anni di esposizione al fumo.

Parlando pubblicamente dei pericoli del fumo di marijuana, a volte cercava di usare analogie per aiutare un pubblico non medico a comprendere. Paragonava i polmoni a una spugna progettata per assorbire acqua. Se qualcuno versasse dell'olio sulla spugna, questa assorbirebbe comunque acqua all'inizio, ma lentamente l'olio si infiltrerebbe nei pori, rivestendo le superfici e alterando permanentemente la struttura della spugna. Col tempo, la spugna diventerebbe rigida e meno capace di funzionare come previsto. Il fumo agiva come quell'olio, rivestendo e ostruendo fino a quando la naturale morbidezza ed elasticità del tessuto polmonare lasciava il posto a irritazione e rigidità croniche.

Notò come le persone rimanessero spesso scioccate quando descriveva come il semplice atto di bruciare una pianta creasse migliaia di sostanze chimiche, molte delle quali erano dannose indipendentemente dall'origine della pianta. Chiedevano con voce sorpresa se il fumo di marijuana contenesse catrame, e lui rispondeva di sì, proprio come qualsiasi fumo. Spiegava che il catrame non era una sostanza specifica esclusiva del tabacco, ma una categoria di particelle appiccicose e ricche di carbonio che si creavano ogni volta che materiale organico bruciava. Ogni volta riscontrava la stessa incredulità, un'esitazione nata dall'immagine culturale della marijuana come pulita e pura.

Tuttavia, i polmoni non distinguevano la purezza in base alla percezione culturale. Reagivano solo alla chimica.

Durante un intervento chirurgico, ricordò di aver visto un'inaspettata cicatrice sul lobo superiore del polmone destro di un paziente. Il paziente aveva poco più di quarant'anni e affermava di godere di ottima salute. Quando l'uomo si svegliò più tardi e il Dott. London gli parlò dei risultati, il paziente chiese con voce sorpresa se fumare marijuana da sola potesse causare tali danni. Il Dott. London aveva risposto che i polmoni reagivano al fumo di marijuana allo stesso modo in cui reagivano al fumo di qualsiasi altra pianta. Aveva spiegato come l'irritazione cronica causata dall'inalazione ripetuta di fumo caldo e ricco di particelle potesse portare a cicatrici, infiammazione e riduzione della capacità polmonare. Il paziente aveva ascoltato in silenzio, assorbendo le informazioni come se le sentisse per la prima volta.
Ciò che turbava maggiormente il Dott. London era l'errata convinzione che i polmoni traessero in qualche modo beneficio dal fumo di sostanze naturali. Le persone bruciavano salvia, erbe, cannabis e altre piante credendo che la purezza delle loro origini rendesse l'atto innocuo o addirittura curativo. Ma ogni prodotto della combustione che entrava nei polmoni promuoveva l'infiammazione. Non era la pianta a essere importante, ma la combustione. I polmoni si erano evoluti per aspettarsi aria contenente una certa proporzione di ossigeno e azoto, e deviazioni da tale aspettativa, anche minime, potevano causare problemi.

Rifletteva spesso su come l'evoluzione avesse dotato gli esseri umani di un sistema respiratorio di straordinaria efficienza. I polmoni potevano ossigenare l'intero corpo in pochi secondi, alimentando ogni organo, dal cervello alle dita dei piedi. Ma questa efficienza comportava anche vulnerabilità. Poiché i polmoni consentivano l'accesso diretto al flusso sanguigno attraverso membrane sottili, qualsiasi cosa inalata che non fosse aria aveva una scorciatoia per entrare nel corpo. Ciò rendeva l'inalazione una via di esposizione potenzialmente pericolosa, e il fumo era una delle esposizioni più dannose in assoluto.

Ricordava di aver letto, all'inizio della sua carriera, una ricerca che dimostrava come alcune particelle presenti nel fumo accelerassero l'invecchiamento polmonare. Le cellule esposte al fumo si degradavano più rapidamente, perdevano elasticità e diventavano suscettibili a infezioni e malattie croniche. Studi successivi confermarono che sia il fumo di marijuana che quello di tabacco contenevano molti degli stessi inquinanti nocivi, tra cui particolato fine, composti organici volatili e agenti cancerogeni. La gente reagì con sorpresa quando condivise queste informazioni, come se la marijuana fosse in qualche modo sfuggita alle leggi della fisica che governano la combustione. Ma la scienza era stata chiara: il processo di combustione produceva sostanze nocive indipendentemente da ciò che veniva bruciato.

In un'occasione, una giovane donna che usava marijuana per alleviare lo stress le chiese se svapare fosse più sicuro perché non comportava combustione. Lui spiegò che, sebbene svapare evitasse la combustione, introduceva i suoi rischi: additivi chimici, particelle ultrafini e calore estremo che potevano comunque irritare i polmoni. Le disse con voce calma che i polmoni non tolleravano sostanze diverse dall'aria pulita. Lei annuì lentamente, rendendosi conto che il suo corpo stava silenziosamente accumulando le conseguenze delle sue scelte.

Il Dott. London aveva sempre trovato curioso come le persone fossero attente a ciò che mangiavano ma indifferenti a ciò che inalavano. Leggevano le etichette, evitavano ingredienti artificiali e seguivano diete pubblicizzate come pulite o naturali, eppure inalavano fumo senza considerare il carico che imponeva al loro apparato respiratorio. Il fumo non apportava alcun nutrimento, nessun beneficio, nessun vantaggio: solo danni. Aveva visto polmoni collassare, irrigidirsi, cicatrizzarsi e ostruirsi a causa dell'esposizione a sostanze che non erano state progettate per elaborare.

In ospedale, osservò le conseguenze dirette. Vide pazienti fare fatica a respirare dopo decenni di inalazione di fumo di qualsiasi tipo. Vide giovani che avevano dato per scontato che la marijuana fosse innocua presentarsi con tosse cronica, ridotta capacità polmonare e primi segni di danno alle vie aeree. Vide anziani che credevano che il loro uso di marijuana fosse medicinale sviluppare complicazioni respiratorie simili a quelle dei fumatori di sigarette di lunga data. In ogni caso, i polmoni raccontavano la stessa storia: erano stati sovraccaricati, irritati e indeboliti da qualcosa che non erano stati progettati per sopportare.

Mentre continuava a scrivere il libro, cercò di esprimere a parole il rispetto che provava per i polmoni e la loro delicata struttura. Voleva che i lettori comprendessero ciò che aveva visto, non attraverso la lente della terminologia medica, ma nella semplice verità che i polmoni erano progettati per svolgere una cosa in modo eccezionale, e che l'introduzione di fumo al loro interno comprometteva completamente tale progetto. Voleva che cogliessero la bellezza della loro funzione e il pericolo di presumere che potessero gestire più di quanto la natura avesse previsto.

Il messaggio fondamentale che sperava di trasmettere era chiaro: i polmoni erano strumenti di respirazione, non filtri di combustione. Si erano evoluti per portare ossigeno al corpo con sorprendente precisione, non per sopportare il peso del fumo – qualsiasi fumo. L'idea sbagliata che il fumo organico fosse sicuro, che il fumo di erbe fosse curativo o che il fumo di marijuana fosse in qualche modo esente da conseguenze era persistita troppo a lungo. Credeva che una volta compresa la fisiologia di base – la fragilità, lo scopo, i limiti – i lettori avrebbero capito quanto fossero irrealistiche queste convinzioni.

Nei suoi venticinque anni di esperienza, aveva imparato che il corpo umano parlava un linguaggio chiaro e incrollabile. I polmoni, in particolare, comunicavano attraverso la loro condizione. Rivelavano infiammazioni, danni, malattie e guarigioni con altrettanta onestà. Non mentiva, nemmeno quando le persone mentivano a se stesse. E per il Dott. London, quella verità costituiva il fondamento di tutto ciò che scriveva: i polmoni erano stati progettati per l'ossigeno e, nel momento in cui il fumo vi entrava, iniziava il loro carico.

Capitolo 4 – Il carico cardiovascolare della marijuana: cosa dimostra la ricerca

La storia della marijuana e del cuore umano non è nuova, ma è una storia che spesso viene soffocata dalla celebrazione culturale, dai mutevoli scenari legali e da un'aura di innocuità. Per decenni, la marijuana è stata considerata una via di fuga, un rilassante, un balsamo per la mente inquieta. Eppure, all'interno del corpo – dove il cuore batte con incrollabile dovere – si dispiega una narrazione più silenziosa, guidata non dalle opinioni ma dalla biologia dello stress, della domanda e della vulnerabilità. Quando i ricercatori hanno iniziato a mappare gli effetti cardiovascolari della marijuana, hanno scoperto un modello che rispecchiava ciò che da tempo si sapeva sui fattori di stress più tradizionali sul cuore. La storia era sottile ma persistente: la marijuana grava sul sistema cardiovascolare in modi che riecheggiano le fasi iniziali dello stress cardiaco osservate in altri noti fattori di rischio.

Nel momento in cui il THC entra nel flusso sanguigno, il corpo risponde con una serie di reazioni prevedibili. La maggior parte dei consumatori descrive un'ondata di calma o un allentamento della tensione, ma sotto quella piacevole sensazione, l'adrenalina e l'attività del sistema nervoso simpatico aumentano. La frequenza cardiaca inizia ad accelerare. I vasi sanguigni si preparano a una leggera costrizione e il cuore, improvvisamente impegnato a lavorare di più, richiede più ossigeno per tenere il passo con questo ritmo accelerato. I ricercatori che hanno osservato per primi questo fenomeno in contesti controllati hanno notato la sua costante comparsa. Era come se il corpo, convinto di trovarsi di fronte a uno stimolante piuttosto che a un sedativo, reagisse con allarme anziché con tranquillità.

In uno dei primi studi di laboratorio, giovani adulti senza precedenti patologie cardiache sono stati monitorati dopo aver consumato marijuana con concentrazioni controllate di THC. I sensori hanno tracciato i picchi della frequenza cardiaca, che è aumentata in pochi minuti ed è rimasta elevata per quasi mezz'ora prima di stabilizzarsi lentamente. I partecipanti parlavano a bassa voce, descrivendo sensazioni di benessere o euforia, ma i loro corpi raccontavano una storia diversa. Il cuore spingeva più forte, batteva più velocemente e richiedeva ossigeno a una velocità che le espressioni facciali rilassate dei partecipanti non rivelavano. I ricercatori hanno notato che questa frequenza cardiaca elevata – tachicardia – non era un aumento lieve. In molti casi, raddoppiava la frequenza basale, creando uno stato temporaneo in cui il cuore si comportava come se la persona stesse facendo un esercizio fisico intenso nonostante fosse seduta immobile.

Questo aumento della frequenza cardiaca non è solo un dettaglio banale. La richiesta di ossigeno del cuore aumenta proporzionalmente a ogni battito. In una persona sana, i vasi coronarici rispondono dilatandosi, fornendo sangue ricco di ossigeno in più per far fronte all'aumento del carico di lavoro. Ma la marijuana non consente che questo adattamento avvenga in modo fluido. Al contrario, il THC e altri componenti del fumo influenzano il tono dei vasi sanguigni, spingendoli verso la costrizione anziché verso la dilatazione. Le arterie coronarie si restringono leggermente, riducendo la facilità con cui il sangue può fluire. Il risultato è uno squilibrio: il cuore richiede più ossigeno, ma i vasi ne forniscono meno. Questo squilibrio crea lo stesso tipo di stress che i medici riscontrano negli individui che soffrono di angina o in quelli a rischio di un evento cardiaco.

Oltre alla frequenza cardiaca e alla costrizione dei vasi sanguigni, il THC interagisce con il rivestimento endoteliale dei vasi sanguigni, la delicata superficie interna che regola la coagulazione, l'infiammazione e la flessibilità vascolare. Questo rivestimento è altamente sensibile alle tossine, agli ormoni dello stress e ai fattori scatenanti l'infiammazione. Nel caso della marijuana, sia le tossine contenute nel fumo che il THC interferiscono con il normale funzionamento endoteliale. Studi che hanno esaminato le cellule endoteliali in vitro hanno registrato un'impennata di marcatori infiammatori dopo l'esposizione agli estratti di fumo di marijuana, simile alla risposta osservata quando le cellule sono esposte al fumo di tabacco. Le cellule hanno mostrato una ridotta capacità di regolare l'ossido nitrico, una molecola necessaria per mantenere i vasi rilassati e sani. Senza un'adeguata quantità di ossido nitrico, i vasi diventano rigidi, reattivi e inclini alla costrizione.

In condizioni reali, questa disfunzione endoteliale contribuisce in modo significativo al carico cardiovascolare. I vasi sanguigni perdono parte della loro naturale reattività, rendendo più difficile per loro adattarsi a improvvisi aumenti del carico di lavoro cardiaco. Nel tempo, l'esposizione ripetuta a questo ambiente di stress favorisce l'infiammazione, e l'infiammazione – lenta, persistente e inosservata – diventa il precursore dell'accumulo di placca, del danno vascolare e, infine, delle malattie cardiovascolari.

Una linea di ricerca particolarmente interessante è emersa da ampi studi epidemiologici che hanno monitorato i ricoveri ospedalieri, le visite al pronto soccorso e gli incidenti cardiovascolari in popolazioni in cui l'uso di marijuana era diventato sempre più normale. Sebbene questi studi non affermassero una relazione causa-effetto diretta, evidenziavano costantemente degli schemi ricorrenti. I giovani adulti, precedentemente considerati a basso rischio di problemi cardiaci, segnalavano improvvisi dolori al petto, aritmie e, in rari ma allarmanti casi, infarti dopo l'uso di marijuana. I team medici coinvolti in questi casi raccontavano spesso di come i pazienti credessero che la marijuana fosse innocua, qualcosa di naturale, una pianta priva dei pericoli associati a sostanze come il tabacco o l'alcol. Eppure la realtà biologica stava rivelando una verità diversa, una verità in cui lo stress coronarico e le reazioni infiammatorie si manifestavano silenziosamente sullo sfondo.

Studi sugli animali hanno fornito ulteriore chiarezza. I ricercatori hanno osservato come il THC interagisce con il muscolo cardiaco, non solo con i vasi che lo irrorano di sangue. Modelli di roditori esposti a dosi regolari di THC hanno mostrato cambiamenti sottili ma misurabili nella forza contrattile del cuore. Alcuni hanno mostrato segni precoci di stress ossidativo, uno squilibrio biochimico in cui i radicali liberi superano le difese antiossidanti dell'organismo. Lo stress ossidativo è un noto perturbatore della funzionalità cardiaca. Nel tempo indebolisce il muscolo, causa cambiamenti strutturali e prepara il terreno per anomalie del ritmo cardiaco.

Lo stress ossidativo colpisce anche i mitocondri, le centrali elettriche delle cellule cardiache. Quando i mitocondri si deteriorano, l'apporto energetico per ogni battito cardiaco diminuisce. Nei modelli esposti alla marijuana, l'efficienza mitocondriale appariva compromessa dopo esposizioni ripetute. Il cuore, costretto a battere più forte a causa dell'aumento della frequenza cardiaca e della costrizione dei vasi, si è trovato paradossalmente con un apporto energetico ridotto. La combinazione non è stata catastrofica nel breve termine, ma la varietà si è sviluppata gradualmente, imitando le fasi iniziali dello stress cardiaco osservate in condizioni legate allo stile di vita come l'ipertensione e il fumo.
I resoconti autoptici sui casi umani hanno aggiunto un ulteriore livello alla narrazione. Sebbene rari, sono stati documentati casi di morte cardiaca improvvisa in cui la marijuana è stata l'unica sostanza rilevata. Questi incidenti, sebbene non rappresentassero una prova definitiva, hanno spinto i ricercatori a mettere in discussione il ruolo delle aritmie. Il THC può alterare il sistema di conduzione elettrica del cuore, aumentando la suscettibilità alle aritmie. Alcuni studi hanno identificato alterazioni dell'intervallo QT – una misurazione correlata al ciclo elettrico del cuore – dopo l'esposizione al THC. Un intervallo QT prolungato può predisporre gli individui ad aritmie pericolose, soprattutto durante periodi di frequenza cardiaca elevata. Questa interazione, sottile ma di grande impatto, ha illustrato come la stabilità elettrica del cuore possa essere compromessa dalla marijuana in modi inaspettati dai consumatori.

Anche le abitudini di fumo ricreativo contribuiscono allo stress cardiovascolare. Molti consumatori inalano profondamente e trattengono il respiro per massimizzare l'assorbimento del THC. Questa manovra di apnea, nota in medicina come risposta di Valsalva, riduce temporaneamente il flusso sanguigno al cuore e al cervello. Quando si rilascia il respiro, la pressione sanguigna aumenta. Il cuore entra in un rapido ciclo di adattamento, affrontando oscillazioni di pressione e apporto di ossigeno. Nel tempo, queste fluttuazioni assomigliano ai ripetuti microstress che i ricercatori osservano negli individui esposti a fattori di rischio cardiovascolare cronici.

Un'altra dimensione del carico cardiovascolare della marijuana è la sua interazione con condizioni preesistenti. In diverse osservazioni cliniche, è stato dimostrato che individui con ipertensione, diabete, colesterolo alto o vulnerabilità genetiche affrontano rischi sproporzionatamente più elevati quando usano marijuana. I loro cuori, già sottoposti a stress continuo e a una salute dei vasi compromessa, reagivano più fortemente agli effetti acuti del THC. Per un giovane adulto sano, un aumento della frequenza cardiaca potrebbe essere tollerabile. Per qualcuno con vasi già ristretti o flusso sanguigno compromesso, lo stesso picco potrebbe spingerlo in una zona pericolosa. I cardiologi hanno descritto casi in cui la marijuana ha agito come punto di svolta, trasformando condizioni croniche gestibili in emergenze acute.

Inoltre, il mercato moderno dei prodotti a base di marijuana ha intensificato questi rischi. Le concentrazioni di THC nelle varietà contemporanee sono significativamente più elevate rispetto a quelle osservate nei decenni precedenti. Prodotti commestibili, oli e concentrati spesso rilasciano dosi che superano di gran lunga quelle del fumo tradizionale. Livelli più elevati di THC amplificano le reazioni fisiologiche: picchi più marcati della frequenza cardiaca, costrizione dei vasi più profonda e infiammazione più pronunciata. I pronto soccorso hanno riferito che i pazienti che consumavano prodotti commestibili ne sottovalutavano spesso la potenza, con conseguenti episodi di ansia estrema, palpitazioni, dolore toracico e tachicardia. L'insorgenza ritardata degli effetti dei prodotti commestibili faceva sì che i consumatori a volte assumessero dosi aggiuntive prematuramente, per poi sperimentare un ulteriore stress cardiovascolare una volta che gli effetti si manifestavano definitivamente.

Anche il metodo di inalazione è importante. Che venga bruciata, vaporizzata o riscaldata, la marijuana rilascia una miscela di sostanze chimiche che attraversano i polmoni e raggiungono il flusso sanguigno. Il fumo prodotto dalla combustione rilascia monossido di carbonio, catrame e particolato che danneggiano direttamente il rivestimento endoteliale. Gli oli da svapo, precedentemente ritenuti un'alternativa più sicura, hanno generato una serie unica di complicazioni cardiovascolari, tra cui l'infiammazione causata da solventi aerosolizzati. Una ricerca che ha esaminato le cellule endoteliali esposte agli aerosol da svapo ha rivelato alterazioni della produzione di ossido nitrico simili a quelle osservate con l'esposizione al fumo, suggerendo che il rischio cardiovascolare non era limitato ai metodi di fumo tradizionali.
L'infiammazione innescata dalla marijuana, in particolare l'uso cronico, è un altro fattore chiave che contribuisce al carico cardiovascolare. L'infiammazione non è sempre evidente o drammatica. Può essere subdola, latente, spingendo l'organismo verso una vulnerabilità a lungo termine. La proteina C-reattiva, un marcatore di infiammazione sistemica, è stata riscontrata elevata in alcuni consumatori abituali di marijuana. Livelli elevati di PCR sono fortemente associati al rischio di malattie cardiovascolari. Se combinata con il danno vascolare causato dal THC e dal fumo, questa infiammazione di basso grado diventa un precursore dell'accumulo di placche, dell'irrigidimento dei vasi e, infine, della coronaropatia.

Un altro filone di ricerca ha esplorato l'interazione della marijuana con le piastrine, i componenti del sangue responsabili della coagulazione. Il THC sembra influenzare l'attivazione delle piastrine, aumentando la loro tendenza ad aggregarsi. Questo effetto, sebbene modesto, diventa problematico se associato a costrizione dei vasi e infiammazione. Un vaso ristretto rivestito da cellule endoteliali infiammate e disfunzionali è molto più suscettibile all'ostruzione quando le piastrine diventano iperattive. Alcuni casi clinici di giovani adulti colpiti da ictus dopo l'uso di marijuana hanno evidenziato questa interazione biochimica. Sebbene rari, questi eventi hanno evidenziato il potenziale di anomalie della coagulazione in individui predisposti.
Nonostante i modelli costanti osservati negli studi, la reputazione della marijuana come sostanza innocua o a basso rischio persiste. Parte di questa discrepanza deriva dal contrasto tra le sensazioni che provoca e il suo comportamento nell'organismo. I consumatori spesso descrivono rilassamento, calma e serenità mentale, sensazioni che sembrano incompatibili con lo sforzo cardiovascolare. Questa discrepanza crea un'illusione di sicurezza. Incoraggia la convinzione che qualcosa che sembra rilassante non possa essere dannoso. Eppure il cuore non risponde alla percezione, ma alla chimica. Il THC e i componenti del fumo innescano reazioni fisiologiche che continuano indipendentemente dal fatto che il consumatore si senta euforico o rilassato.

Con la crescente legalizzazione e accettazione sociale della marijuana, il divario tra percezione e realtà biologica si amplia. I dibattiti pubblici celebrano gli usi terapeutici, la libertà culturale e la scelta personale. Poche discussioni affrontano la prospettiva del cuore. I cardiologi spiegano spesso che il pericolo non è drammatico o immediato per la maggior parte dei consumatori. Piuttosto, è cumulativo: una lenta stratificazione di risposte allo stress, infiammazione, compromissione dei vasi e sensibilità elettrica. Questo accumulo rispecchia le fasi iniziali delle malattie cardiovascolari tradizionalmente associate all'invecchiamento o a fattori cronici legati allo stile di vita. La differenza sta nel tempismo. Con la marijuana, questi cambiamenti possono iniziare prima, influenzati non da decenni di abitudini, ma dalla ripetuta esposizione a una sostanza ampiamente ritenuta innocua.

Nessuna di queste scoperte suggerisce che la marijuana sia universalmente catastrofica per il sistema cardiovascolare. Piuttosto, dipingono un quadro più sfumato, che riconosce la complessità del cuore umano e la sua vulnerabilità a qualsiasi agente che ne alteri il delicato equilibrio. La storia che si dipana attraverso la ricerca non è allarmante, ma di chiarezza. Il cuore opera entro ristretti margini di sicurezza. Quando questi margini vengono ripetutamente messi a dura prova da frequenza cardiaca elevata, aumento della domanda di ossigeno, costrizione dei vasi, compromissione della funzione endoteliale e infiammazione cronica, le conseguenze a lungo termine diventano più probabili.

Ciò che la ricerca dimostra costantemente è che la marijuana si comporta come altri fattori di stress cardiovascolare in modi significativi. Accelera la frequenza cardiaca come gli stimolanti, restringe i vasi come la nicotina, compromette la funzione endoteliale come l'inquinamento, innesca infiammazioni come lo stress cronico e influenza i meccanismi della coagulazione come alcuni disturbi metabolici. Non è uguale a nessuno di questi fattori di rischio, ma li rispecchia, amplificando vulnerabilità che altrimenti potrebbero rimanere latenti.

Comprendere il carico cardiovascolare della marijuana non significa giudicare o proibire. È una questione di consapevolezza. Si tratta di riconoscere che il cuore, sebbene resiliente, risponde alla chimica con precisione e onestà. Si tratta di guardare oltre le sensazioni piacevoli e riconoscere la realtà biologica che le accompagna. La ricerca non condanna apertamente la marijuana, ma mette in luce lo sforzo che essa impone al sistema responsabile del sostentamento della vita battito per battito. E in questa luce, ai lettori viene offerta l'opportunità di prendere decisioni informate, decisioni plasmate non dalla narrazione culturale ma dalla verità scientifica.

Capitolo 5 – Un rischio di infarto da 1,3 a 2 volte superiore: comprendere i numeri

I numeri iniziarono ad apparire silenziosamente negli articoli di ricerca molto prima che il pubblico sapesse cosa farne. All'inizio erano piccoli: frazioni, decimali, rapporti di rischio nascosti tra gergo clinico e fitte tabelle statistiche. Ma man mano che venivano compilati studio dopo studio, che venivano riviste le cartelle cliniche e riesaminate le anamnesi dei pazienti, emergeva uno schema sorprendentemente coerente. I fumatori di marijuana non stavano affrontando solo un temporaneo aumento della frequenza cardiaca o un momento passeggero di tensione vascolare. Stavano affrontando qualcosa di più importante, qualcosa di misurabile. I consumatori mostravano un rischio di infarto e coronaropatia da 1,3 a 2 volte maggiore rispetto ai non consumatori. La dichiarazione del Dott. London, pronunciata con tono calmo e pratico durante una conferenza sulla salute pubblica, aveva avuto peso proprio perché era semplice. Affermava che "il rischio aumenta da uno virgola tre a due volte". Nessun dramma. Nessun vago avvertimento. Solo numeri basati su osservazioni ripetute e verificabili.

Quando questi numeri vengono ascoltati casualmente, suonano innocui per un orecchio non allenato. Raddoppiare qualcosa che sembra raro o lontano non suscita immediatamente paura. Le persone sentono rapporti, non vite. Sentono statistiche, non il battito di un cuore che supera la soglia. Eppure ogni numero racconta una storia, e queste storie si svolgono in ambulatori, pronto soccorso e case dove i sintomi vengono ignorati finché non è più possibile. L'aumento da 1,0 a 1,3 sembra modesto: solo un aumento del 30%. Ma per i cardiologi, questo cambiamento fa la differenza tra una stabilità prevedibile e una crisi inaspettata. E il rischio raddoppiato, il raddoppio, è il tipo di cambiamento che trasforma un ambiente gestibile in un campo di trappole.
Per comprendere la gravità di questo intervallo apparentemente ristretto, è necessario comprendere la storia di altri rischi cardiovascolari comuni. L'ipertensione è nota per i suoi danni alle arterie dovuti alla pressione costante. Aumenta il rischio di infarto di circa il doppio se scarsamente controllata. Il colesterolo alto aumenta il rischio in modo simile, soprattutto quando le particelle di LDL si infiltrano nelle pareti dei vasi e formano la placca. Il fumo di sigaretta aumenta il rischio di infarto da due a quattro volte, a seconda dell'esposizione nel corso della vita. Per decenni, questi numeri hanno aiutato i medici a dipingere il quadro delle malattie cardiache: erano cumulative, prevedibili e prevenibili. Tuttavia, con la diffusione del consumo di marijuana, una nuova variabile è entrata nel modello e i suoi numeri hanno iniziato ad allinearsi a quelli dei giganti del rischio vascolare.

I ricercatori hanno notato per la prima volta la correlazione quando i giovani adulti – persone lontane decenni dai tradizionali problemi cardiaci – hanno iniziato ad arrivare al pronto soccorso con dolore toracico, aritmie e, in casi rari ma profondamente preoccupanti, infarti del miocardio. I medici sono rimasti perplessi quando questi individui non presentavano i tipici profili di rischio. La loro pressione sanguigna era spesso normale. Il loro colesterolo basso. La loro anamnesi familiare pulita. Si trattava di persone che correvano maratone, sollevavano pesi o vivevano con la spensierata sicurezza della giovinezza. Ciò che accomunava molti di loro era l'uso di marijuana, non occasionale ma abituale, insito nel loro tempo libero, nei loro meccanismi di difesa o nei loro rituali quotidiani. Quando il Dott. London e i suoi colleghi hanno esaminato i numeri più attentamente, hanno scoperto che il modello era troppo coerente per essere ignorato.

Un team di cardiologia ha esaminato i profili dei pazienti sotto i quarant'anni ricoverati per sindromi coronariche acute. I numeri sono emersi immediatamente. Un numero sproporzionato aveva fatto uso di marijuana nelle ore precedenti l'evento. Gli screening tossicologici, i colloqui con i pazienti e le dichiarazioni dei testimoni hanno confermato la stessa situazione. La costrizione toracica era comparsa improvvisamente, spesso dopo aver fumato o usato concentrati ad alto contenuto di THC. Un paziente dello studio ha descritto il dolore come "una forte pressione, come se qualcuno avesse piazzato una pietra sotto le costole". Un altro ha raccontato di averlo inizialmente liquidato, credendo che si trattasse di ansia scatenata dall'effetto. I medici del pronto soccorso avrebbero poi raccontato come questi individui arrivassero confusi, spaventati e incapaci di accettare l'idea che qualcosa pensato per rilassarli potesse far precipitare il loro cuore in una spirale di sofferenza.

I numeri seguivano queste storie. I dati mostravano che entro la prima ora dall'uso di marijuana, il rischio di infarto aumentava di quasi cinque volte, ma il rischio cronico a lungo termine si stabilizzava nell'intervallo, ormai ampiamente citato, di 1,3-2 volte. Il picco acuto era dovuto all'improvviso aumento della frequenza cardiaca, della costrizione dei vasi e della richiesta di ossigeno. Ma l'aumento cronico – il rischio da 1,3 a 2 volte – derivava da stress ripetuto, simile a come piccole crepe si accumulano in un ponte a ogni camion che passa.

Quando il Dott. London spiegò i numeri, utilizzò confronti che rendevano i rischi più facili da comprendere. Una volta spiegò a un pubblico che se cinquantamila persone con un rischio basale normale facessero uso regolare di marijuana, il numero di infarti attribuibili a tale uso aumenterebbe notevolmente. Non si tratterebbe di un'epidemia, ma sarebbe innegabile. Spiegò che l'aumento del rischio non operava in modo isolato. Se qualcuno soffriva già di ipertensione, l'aggiunta di marijuana aumentava il rischio complessivo in modo aggravato. I numeri non si sommavano semplicemente, ma si intersecavano.

Consideriamo il caso di un giovane con ipertensione borderline. I suoi vasi erano già in lieve tensione. Aggiungendo marijuana, improvvisamente la costrizione dei vasi si aggrava, la frequenza cardiaca accelera e i marcatori infiammatori aumentano. Il suo profilo di rischio, già al limite del pericolo, aumenta vertiginosamente. Invece di una situazione gestibile, si trova ad affrontare un rischio che rispecchia quello di una persona di dieci anni più grande, con carichi aggiuntivi. Un quadro simile emerge in coloro che hanno il colesterolo alto. Il THC e la disfunzione endoteliale indotta dal fumo compromettono la flessibilità dei vasi. Le particelle di LDL trovano più facile infiltrarsi nelle pareti vasali infiammate. Col tempo, la placca si forma più rapidamente, restringendo silenziosamente le arterie fino a quando il restringimento non può più essere ignorato.

L'aspetto più sorprendente di questi numeri è il loro impatto sui giovani adulti. Per anni si è creduto che gli attacchi di cuore fossero un problema che riguardava solo le persone di mezza età e gli anziani. Ma i dati degli studi sulla marijuana hanno costretto a riconsiderare la questione. I giovani adulti non sono immuni alla fisica vascolare. I loro vasi possono essere più elastici, il loro metabolismo più veloce e il loro recupero più rapido, ma la biologia della costrizione, della richiesta di ossigeno e del danno endoteliale non fa distinzioni. Quando la marijuana viene consumata ad alta potenza, soprattutto in combinazione con concentrati da svapo o dabbing, lo stress acuto a cui è sottoposto il sistema cardiovascolare non è trascurabile. È uno sprint per il cuore: inaspettato, non allenato e inutile.

In una revisione osservazionale, i medici d'urgenza hanno descritto dettagliatamente il caso di un uomo di ventisette anni che è collassato dopo aver fumato una varietà potente. Non aveva una storia di malattia, né una storia familiare di cardiopatie, né abitudini di vita che potessero destare sospetti. La coronarografia ha rivelato uno spasmo, un'improvvisa e intensa costrizione di un'arteria coronaria. Tali spasmi possono verificarsi in risposta a stimolanti o stress estremo, ma in questo caso si è verificato in seguito all'inalazione di fumo di marijuana. L'équipe di cardiologia ha successivamente descritto come il vaso si fosse comportato come se rispondesse a una minaccia, restringendosi fino a quasi interrompere il flusso sanguigno. L'uomo è sopravvissuto, ma il suo caso è entrato a far parte del pool di prove che ha influenzato la dichiarazione finale del Dott. London. Non è solo il rischio a lungo termine che conta, ma la vulnerabilità acuta.

Per comprendere questi numeri è necessario anche comprendere il rischio di base. Un individuo sano potrebbe avere una bassa probabilità assoluta di avere un infarto. Se questa probabilità è di una su diecimila all'anno, raddoppiando il rischio si arriva a due su diecimila: una variazione apparentemente piccola. Ma le popolazioni non sono fatte di numeri; sono fatte di individui con diverse vulnerabilità. Se qualcuno presenta anche un solo altro fattore di rischio – anamnesi familiare, ipertensione lieve, fumo occasionale – raddoppiare il rischio può modificarne la traiettoria. Le malattie cardiovascolari non si presentano tutte in una volta. Si accumulano. Si insinuano. Si sviluppano da piccoli incrementi che sembrano innocui fino a sfociare in crisi.

Per le persone con patologie cardiache preesistenti, i numeri diventano ancora più importanti. L'aumento da 1,3 a 2 volte si applica a individui altrimenti sani. Nei soggetti con precedenti infarti o coronaropatia documentata, la marijuana può aumentare ulteriormente il rischio. Ciò è in parte dovuto al fatto che i vasi malati non riescono a compensare gli improvvisi aumenti della frequenza cardiaca o del fabbisogno di ossigeno. Un'arteria ristretta che funziona al 50% della sua capacità può gestire adeguatamente il riposo, ma quando la frequenza cardiaca aumenta, la sua inadeguatezza diventa evidente. La marijuana può spingere una placca stabile verso la rottura, innescando la cascata che porta all'infarto.

La percezione psicologica della marijuana complica ulteriormente il quadro. Molti credono che, essendo "naturale", debba essere benigna. Un cardiologo una volta raccontò durante un seminario che uno dei suoi pazienti più giovani, affetto da vasospasmo coronarico, aveva insistito sul fatto che "usava solo sostanze naturali". Il medico aveva spiegato, nel modo più gentile possibile, che naturale non significa sicuro. La cicuta è naturale. Le foglie di tabacco sono naturali. La natura crea molte sostanze chimiche potenti che possono danneggiare il corpo umano se consumate senza consapevolezza. La marijuana, nonostante tutto il suo potenziale terapeutico e il suo significato culturale, interagisce ancora con il sistema cardiovascolare in modi tangibili e fisiologicamente impegnativi.

Con l'emersione di ulteriori studi, i numeri sono stati perfezionati, ma mai contraddetti. Le meta-analisi hanno raccolto dati da migliaia di partecipanti e sono arrivate a rapporti di rischio simili. Uno studio canadese ha riportato un aumento di 1,6 volte degli eventi cardiovascolari tra i giovani adulti che facevano uso di marijuana. Un set di dati americano ha mostrato un rischio quasi doppio nei consumatori abituali rispetto ai non consumatori. I rapporti europei hanno ribadito i risultati. La diversità geografica di questi studi ha dimostrato che la tendenza non era legata a una regione, a una popolazione o a uno stile di vita. Era legata alla fisiologia.

Tuttavia, nonostante il crescente numero di prove, la percezione pubblica è rimasta indietro. Quando i rischi sono stati confrontati con quelli dell'ipertensione o del colesterolo alto, molti li hanno liquidati come meno gravi perché gli effetti della marijuana sono intermittenti anziché costanti. Ma questo confronto non tiene conto di come lo stress acuto interagisca con la vulnerabilità cronica. L'ipertensione è una forza lenta e costante che indebolisce i vasi nel corso degli anni. La marijuana è una serie di colpi improvvisi, di breve durata, ma potenti. I numeri del rischio riflettono entrambe le realtà. Una persona con ipertensione affronta anni di danni causati dalla pressione. Un consumatore di marijuana affronta episodi acuti in cui il cuore è costretto a uno sforzo rapido. Quando entrambi i fattori sono presenti insieme, il pericolo aumenta, non perché uno dei due sia catastrofico da solo, ma perché i loro meccanismi si combinano.

I dati specifici per età hanno ulteriormente rafforzato la gravità del rischio. Adolescenti e giovani adulti, il cui sistema cardiovascolare è ancora in fase di sviluppo, sono risultati particolarmente vulnerabili agli effetti acuti della marijuana. Il loro sistema nervoso autonomo, responsabile della regolazione della frequenza cardiaca e della risposta vascolare, reagisce fortemente al THC. Il picco di frequenza cardiaca è spesso più pronunciato. I loro vasi si restringono più bruscamente. La loro risposta infiammatoria è più reattiva. Sebbene il loro rischio assoluto di infarto rimanga inferiore a quello degli anziani, l'aumento relativo causato dalla marijuana è significativo. Un raddoppio del rischio in un giovane adulto potrebbe non portare a eventi immediati, ma prepara il terreno prima per alterazioni vascolari che altrimenti non inizierebbero fino a più tardi nella vita.

Ancora più significativi sono stati gli studi a lungo termine che hanno valutato il calcio nelle arterie coronarie, un marcatore dello sviluppo di placca. In alcuni set di dati, i consumatori di marijuana hanno mostrato punteggi di calcio più alti prima del previsto per la loro età. Non drammaticamente più alti, ma sufficienti a suggerire che ripetuti sforzi cardiovascolari avessero accelerato un processo che in genere si sviluppa lentamente. Questi marcatori precoci non causano sintomi, ma predicono gli esiti decenni dopo. Sono i silenziosi sussurri del rischio futuro.

Comprendere l'aumento da 1,3 a 2 volte significa riconoscere che i numeri non sono né esagerati né banali. Sono il riflesso numerico dello stress biologico. Quantificano la reazione del cuore a ripetute sfide. Quando il Dott. London ha articolato l'intervallo, lo ha fatto per offrire chiarezza, non per allarmare. Intendeva che i numeri guidassero la consapevolezza, stimolassero il dialogo, colmassero il divario informativo che era rimasto per troppo tempo tra percezione ed evidenza.

Con l'espansione della legalizzazione della marijuana a livello globale, questi numeri assumono un significato ancora più significativo. Sono il fulcro delle discussioni su sicurezza, moderazione e scelta consapevole. Ricordano ai lettori che il cuore non risponde ai cambiamenti culturali o ai dibattiti politici. Risponde alla chimica, alla pressione, all'infiammazione e al ritmo. Il cuore interpreta la marijuana non come una questione morale, ma come un evento biochimico.

I numeri – da 1,3 a 2 volte – sono la traduzione di quell'evento in termini comprensibili per gli esseri umani. Rappresentano migliaia di storie di pazienti, innumerevoli esperimenti di laboratorio e il costante progresso delle conoscenze scientifiche. Ci ricordano che il rischio non è una questione di paura, ma di comprensione. E con la comprensione arriva la capacità di fare scelte in linea con la propria salute, il proprio futuro e il rispetto per l'organo silenzioso e instancabile al centro di tutto.

CAPITOLO 6 – DANNI SILENZIOSI: COME LA MARIJUANA INDEBOLISCE I VASI SANGUIGNI NEL TEMPO

L'indebolimento di un vaso sanguigno non si annuncia. Non pulsa rumorosamente né si manifesta con un segnale visibile. Piuttosto, si manifesta silenziosamente nel corso degli anni, nascosto sotto il polso che pulsa costantemente, giorno e notte, senza lamentarsi. Questo deterioramento silenzioso è ciò che rende il danno vascolare così ingannevolmente pericoloso. Prospera nell'invisibilità. E per molti consumatori di marijuana di lunga data, questa invisibilità diventa la minaccia più grande, perché il corpo si adatta ai cambiamenti graduali finché qualcosa di drammatico non attira finalmente l'attenzione. Questa progressione silenziosa – lenta, sottile, costante – è ciò che preoccupa maggiormente chirurghi come il Dott. London.

Quando immaginiamo i danni causati dal fumo, immaginiamo innanzitutto i polmoni: tessuti anneriti, vie aeree ristrette, attacchi di tosse o mancanza di respiro. Ciò che raramente consideriamo è la rete di arterie che si ramifica in tutto il corpo, trasportando sangue ricco di ossigeno con una precisione orchestrata dall'endotelio, il sottile e delicato rivestimento interno di ogni vaso. Questo rivestimento non è semplicemente un tubo passivo. È uno strato attivo e dinamico che risponde istantaneamente a segnali chimici, variazioni di pressione e segnali infiammatori. Dilata i vasi per aumentare il flusso, li restringe per regolare la pressione e rilascia sostanze che proteggono da coaguli e placche. È il direttore d'orchestra cardiovascolare. E quando viene esposto ripetutamente alle sostanze chimiche e al particolato presenti nel fumo di marijuana, la sua armonia inizia a vacillare.

Il Dott. London ha spesso spiegato la disfunzione endoteliale paragonandola a un semaforo. Quando l'endotelio è sano, segnala ai vasi di rilassarsi o restringersi con un tempismo perfetto, permettendo al sangue di fluire liberamente. Quando è danneggiato, i segnali diventano irregolari. I semafori non funzionano correttamente – a volte rimangono rossi troppo a lungo, a volte alternano colori – e il traffico inizia a ingorgare. Il flusso sanguigno rallenta, la turbolenza aumenta e le pareti dei vasi si irrigidiscono. Questo stato, noto come disfunzione endoteliale, è il primo segnale d'allarme di futuri eventi cardiaci. È il primo tassello del domino a cadere nella lunga catena che porta all'ispessimento arterioso, all'accumulo di placca e a improvvise ostruzioni.

Il fumo di marijuana contribuisce a questa disfunzione attraverso molteplici vie. Le particelle riscaldate e le tossine rilasciate durante la combustione entrano nel flusso sanguigno attraverso i polmoni e circolano direttamente nelle pareti arteriose. Le sostanze chimiche creano un'infiammazione microscopica che, sebbene impercettibile al momento, si accumula a ogni inalazione. Il THC, sebbene non sia intrinsecamente tossico come la nicotina, innesca l'attivazione del sistema nervoso simpatico, aumentando la frequenza cardiaca e la pressione sanguigna. Queste fluttuazioni esercitano uno stress meccanico sulle pareti dei vasi, costringendole a espandersi e contrarsi ripetutamente oltre il loro ritmo ideale. Col tempo, l'endotelio si usura, come un tessuto stirato troppe volte nella direzione sbagliata.

Questo danno non si manifesta con dolore. Nessuno si sveglia con la sensazione che il proprio endotelio abbia ceduto. Non vi è alcuna sensazione associata alle fasi iniziali dell'ispessimento o dell'infiammazione arteriosa. Questi cambiamenti sono biologicamente silenziosi, rilevabili solo attraverso test specialistici o durante interventi chirurgici in cui i vasi vengono esposti. Ed è in queste sale operatorie che chirurghi come il Dott. London ne sono testimoni in prima persona.

Ricorda spesso la prima volta che si rese conto che i fumatori di marijuana – coloro che giuravano di non aver mai toccato tabacco – presentavano alterazioni arteriose significative. Durante un intervento di bypass aorto-coronarico su un paziente poco più che quarantenne, notò che i vasi erano insolitamente rigidi per un soggetto di quell'età. Il paziente aveva insistito durante i colloqui preoperatori di aver condotto uno "stile di vita sano", di non aver mai fumato sigarette e di non aver seguito una dieta ricca di grassi. Ma aveva ammesso, quasi casualmente, di fumare marijuana ogni notte per rilassarsi. Il chirurgo ricordava la consistenza dell'arteria: non così morbida e flessibile come previsto, ma ispessita e leggermente scolorita, come se fosse invecchiata prematuramente. Non c'era stato alcun sintomo esteriore, nessun segno nell'aspetto o nella vita quotidiana del paziente che suggerisse qualcosa di anomalo. Eppure, all'interno, i vasi raccontavano una storia diversa.

Casi del genere divennero più frequenti con il passare degli anni. I pazienti tra i trenta e i quarant'anni – età in cui gli interventi chirurgici al cuore sono meno comuni – presentavano patologie vascolari più tipiche degli individui più anziani. Le loro arterie non erano così flessibili, gli strati endoteliali mostravano segni di irritazione cronica e, in molti casi, la placca aveva iniziato a formarsi prima del previsto. Questo fenomeno preoccupava il Dott. London, non perché la marijuana fosse l'unica causa, ma perché molti consumatori la credevano innocua, naturale o "migliore del tabacco". Questa convinzione li rendeva ciechi al danno incrementale che si accumulava anno dopo anno.

La placca non si sviluppa in un giorno o in una settimana. Si forma gradualmente, a partire dal deposito di lipidi nella parete del vaso una volta che l'endotelio è compromesso. Inizialmente, questi depositi sono delle strie morbide. Col tempo, le cellule infiammatorie si raccolgono, tentando di riparare il danno ma contribuendo inavvertitamente all'accumulo. I depositi di calcio alla fine si uniscono, indurendo la placca come cemento. L'arteria si restringe lentamente, riducendo la quantità di sangue che può passare attraverso. Eppure, anche se lo spazio all'interno del vaso si restringe, il corpo compensa. Devia il sangue attraverso vie collaterali, aumenta leggermente la frequenza cardiaca e regola leggermente la pressione. Queste compensazioni mascherano la gravità del problema fino a quando il restringimento non diventa critico.

Per molti consumatori di marijuana, il primo sintomo evidente non è un fastidio toracico precoce o una lieve stanchezza. È il dolore improvviso e lancinante di un evento cardiaco acuto. Un attimo prima si sentono normali; quello dopo, una placca si rompe, un coagulo si forma rapidamente e l'arteria si blocca quasi completamente. Il cuore, privato di ossigeno, protesta violentemente. Il silenzio degli anni precedenti culmina in un momento catastrofico. Questa è la natura crudele del danno vascolare: si accumula in modo invisibile e si rivela in modo esplosivo.

La disfunzione endoteliale contribuisce anche al vasospasmo, un'improvvisa costrizione delle arterie coronarie. Questo fenomeno può verificarsi anche in individui senza un significativo accumulo di placca. Gli effetti della marijuana sul tono vascolare rendono tali spasmi più probabili. Le arterie si restringono improvvisamente, riducendo drasticamente il flusso sanguigno. L'episodio può durare minuti o più e, se prolungato, può scatenare un infarto. Alcuni pazienti sperimentano questi spasmi episodicamente, liquidandoli come ansia o disagio temporaneo. Solo quando gli episodi diventano gravi, o quando uno di essi causa danni permanenti, si rendono conto che stava accadendo qualcosa di più profondo.

Per i chirurghi, gli effetti vascolari a lungo termine della marijuana presentano sfide uniche. I vasi danneggiati sono più difficili da gestire durante gli interventi chirurgici. Si lacerano più facilmente, rispondono male alle suture e a volte non si dilatano adeguatamente, nemmeno se stimolati meccanicamente. Il Dott. London una volta descrisse come operare arterie esposte a infiammazione cronica fosse come cucire un tessuto delicato immerso in acqua e asciugato al sole ripetutamente. Le fibre perdono elasticità. Resistono alla manipolazione. Un vaso che dovrebbe espandersi senza problemi quando viene inserito un innesto, invece, rimane rigido, richiedendo più forza e precisione per fissare il bypass.

Un'altra sfida deriva dalla posizione della placca. In alcuni consumatori di marijuana, l'infiammazione tende a svilupparsi in modo irregolare, con conseguente distribuzione non uniforme della placca. Invece di un restringimento uniforme lungo una sezione prevedibile, i chirurghi trovano aree di accumulo indurito alternate ad aree di infiammazione. Questa incoerenza complica il posizionamento dell'innesto e aumenta il rischio di complicanze postoperatorie. Inoltre, le sostanze chimiche residue immagazzinate nei tessuti adiposi e nelle pareti vasali influenzano la guarigione. Il recupero può essere più lento, il comportamento della coagulazione alterato e l'infiammazione più persistente. Queste complicazioni non sono esclusive dei consumatori di marijuana, ma la frequenza con cui si manifestano in chi fuma regolarmente solleva preoccupazioni sulla salute vascolare a lungo termine. Il problema non è solo la presenza di THC; è la modalità di somministrazione. Quando la marijuana viene fumata, la combinazione di calore, materiale combusto e particolato crea un cocktail tossico che colpisce direttamente i vasi. Anche le forme vaporizzate, sebbene in qualche modo diverse, comportano rischi dovuti alle elevate concentrazioni di THC e agli additivi che possono scatenare risposte infiammatorie.

Uno scenario particolarmente rivelatore si è verificato durante un intervento di bypass multivasale su un paziente che fumava marijuana da oltre vent'anni. Il paziente aveva insistito sul fatto che la marijuana fosse l'unica sostanza che usava e che evitava tutti i cibi lavorati, l'alcol e il tabacco. Eppure, le sue arterie erano eccezionalmente difficili da innestare. L'arteria mammaria interna, spesso utilizzata per il bypass per la sua eccellente durata a lungo termine, mostrava segni di ispessimento. Anche la vena safena prelevata dalla gamba, destinata a fungere da innesto, mostrava una lieve irritazione endoteliale. Il chirurgo completò l'operazione con successo, ma in seguito osservò privatamente che il sistema vascolare del paziente assomigliava a quello di una persona di dieci-quindici anni più grande.

Queste esperienze accumulate hanno rafforzato quanto già suggerito dagli studi di ricerca: l'uso cronico di marijuana contribuisce all'invecchiamento vascolare. Questo invecchiamento non è semplicemente una questione di tempo; è una questione di esposizione ripetuta. Ogni inalazione introduce composti che stressano le pareti dei vasi, innescano infiammazione o interrompono la funzione endoteliale. Nel corso di mesi e anni, questi fattori di stress lasciano dietro di sé cambiamenti strutturali. I vasi si irrigidiscono, il rivestimento si indebolisce e il rischio di rottura della placca o formazione di coaguli aumenta costantemente.

Un altro aspetto critico del danno vascolare a lungo termine correlato alla marijuana è la sua imprevedibilità. Due individui possono consumare la stessa quantità per la stessa durata, eppure uno mostra gravi alterazioni arteriose mentre l'altro appare relativamente inalterato. La predisposizione genetica, la dieta, le abitudini di esercizio fisico e le condizioni coesistenti influenzano i risultati. Ma l'imprevedibilità stessa è parte del pericolo. Una persona non può dare per scontato di essere al sicuro semplicemente perché non si manifestano sintomi. L'assenza di segnali d'allarme non dice nulla sullo stato del rivestimento endoteliale o sullo spessore della parete arteriosa.

Ciò che complica ulteriormente le cose è che molti consumatori di marijuana si considerano attenti alla salute. Possono evitare cibi trasformati, adottare stili di vita biologici e fare regolarmente attività fisica. Poiché la marijuana è naturale, credono che sia in linea con la loro filosofia di salute. Eppure i vasi sanguigni non distinguono tra fumo "naturale" e "artificiale". Rispondono solo alla chimica e allo stress fisico. Persino coloro che si vantano di vivere una vita pulita e consapevole possono inconsapevolmente accumulare danni arteriosi silenziosi.

Negli ultimi anni, la ricerca ha iniziato a esplorare l'interazione della marijuana con altri fattori di rischio cardiovascolare. I risultati indicano che, in combinazione con ipertensione lieve o colesterolo elevato, il danno progredisce più rapidamente. Le pareti dei vasi si indeboliscono più rapidamente. La disfunzione endoteliale si intensifica. La placca si forma più facilmente. La curva del rischio si accentua. Per gli individui con diabete o sindrome metabolica, la marijuana amplifica i processi infiammatori che già minacciano l'integrità vascolare. Il risultato è un rischio aggravato che supera quello che entrambi i fattori potrebbero causare da soli.

Dal punto di vista di un chirurgo, la preoccupazione non è solo il crescente numero di pazienti che necessitano di intervento, ma anche la complessità dei loro casi. Interventi che dovrebbero essere semplici diventano tecnicamente impegnativi. Un recupero che dovrebbe essere agevole diventa imprevedibile. I risultati a lungo termine diventano meno certi. Ecco perché il Dott. London sottolinea l'importanza della consapevolezza. Non della paura. Della consapevolezza. Della consapevolezza che fumare marijuana ripetutamente non è benigno per il sistema vascolare, anche se i suoi effetti rimangono silenti per decenni.

La storia del danno vascolare silenzioso non ha lo scopo di denigrare la marijuana, ma di far luce su una verità trascurata. I vasi non parlano ad alta voce. Sussurrano attraverso sottili cambiamenti: lievi ispessimenti, infiammazioni minori, ridotta flessibilità. Col tempo, questi sussurri formano un coro che può essere udito solo attraverso la diagnostica per immagini o durante un intervento chirurgico. Quando i vasi gridano, è durante un infarto, un ictus o un collasso improvviso.

Capire come la marijuana indebolisca i vasi sanguigni non significa scoraggiarne ogni forma di consumo. Significa riconoscere la realtà biologica dietro il termine "fumo". Significa riconoscere la silenziosa progressione della disfunzione endoteliale, della formazione di placche e dell'ispessimento arterioso. Significa sostituire le supposizioni con la conoscenza e i miti con le prove.

Un danno silenzioso è pur sempre un danno. E per il cuore e i suoi vasi, il silenzio è spesso il suono più pericoloso di tutti.

Capitolo 7 – Il cuore giovane a rischio: eventi cardiaci improvvisi negli utenti di età inferiore ai 40 anni

Esiste un pericoloso mito secondo cui la giovinezza sarebbe uno scudo impenetrabile, una sorta di polizza assicurativa biologica che presumibilmente protegge il corpo dalle conseguenze delle scelte di vita. Tra i consumatori di marijuana sotto i quarant'anni, questa illusione è particolarmente forte. Si credono invincibili perché le loro articolazioni sono flessibili, la loro resistenza è elevata e i loro controlli medici annuali – se mai vi si sottopongono – raramente rivelano nulla di preoccupante. Ma la verità emersa in anni di casi clinici, crisi in sala operatoria e diagnosi tardive è che la marijuana può destabilizzare il cuore molto prima di quanto la maggior parte delle persone possa immaginare. Il corpo dei giovani può riparare rapidamente muscoli, pelle e lividi, ma il cuore non funziona secondo lo stesso principio di perdono giovanile. Il suo ritmo, le sue arterie e la sua stabilità elettrica possono essere sbilanciati, a volte in modo catastrofico, da uno stress fisiologico sbagliato al momento sbagliato. Questo capitolo svela la scomoda verità che gli eventi cardiaci improvvisi nella fascia demografica sotto i quarant'anni non solo sono possibili, ma sono sempre più comuni e spesso collegati all'esposizione alla marijuana.

Nell'ultimo decennio, il Dott. London si è ripetutamente trovato ad affrontare casi che andavano contro tutto ciò che il pubblico amava credere. Ne ha ricordato uno dei più sconvolgenti, che riguardava un uomo di ventotto anni portato in ospedale con un dolore toracico lancinante, iniziato mentre rideva con gli amici durante una festa del fine settimana. I medici del pronto soccorso inizialmente sospettarono ansia o forse gastrite; dopotutto, il paziente sembrava troppo giovane per avere un infarto. Ma l'ECG raccontava una storia diversa. I suoi tratti ST erano elevati. I livelli di troponina erano schizzati alle stelle. Un'arteria coronaria era andata in un improvviso vasospasmo così grave che il flusso sanguigno era quasi cessato. Alla domanda se fumasse, il paziente aveva risposto passivamente di non fumare sigarette, ma aveva aggiunto con nonchalance di aver fatto "qualche tiro d'erba prima". La frase aveva un tono innocente, come se la marijuana fosse un irrilevante rumore di fondo. Eppure la fisiopatologia indicava direttamente un vasospasmo indotto dai cannabinoidi. Nel laboratorio di cateterizzazione, i medici osservavano le arterie contrarsi e rilassarsi in modo imprevedibile, comportandosi come muscoli capricciosi anziché come condotti stabili e affidabili come avrebbero dovuto essere. Il paziente sopravvisse, ma solo dopo ore di incertezza e di intensi interventi.

Storie come la sua divennero sempre più familiari. Il Dott. London ebbe modo di osservare numerosi pazienti tra i venti e i trent'anni che presentavano aritmie apparentemente fuori luogo per la loro età. Alcuni arrivavano con palpitazioni così forti da pensare di essere in punto di morte. Altri crollavano senza preavviso durante le normali attività: fare jogging, lavorare, cucinare, persino stare seduti alla scrivania. Ciò che accomunava molti di questi casi era il filo conduttore del recente consumo di marijuana, anche in piccole quantità. Mentre alcuni pazienti descrivevano abitudini di fumo quotidiane, altri ammettevano di esserne consumatori occasionali. Questo quadro clinico suggeriva che il cuore giovane, nonostante il suo vigore, reagisce in modo unico agli effetti del THC sulla conduttività elettrica e sulla tensione vascolare. La giovinezza non offriva alcuna protezione contro improvvisi cambiamenti del ritmo cardiaco o la costrizione dei vasi.

L'interazione della marijuana con il sistema cardiovascolare dei giovani è più complessa di quanto si pensi. I giovani adulti spesso metabolizzano il THC in modo diverso a causa di un metabolismo basale più rapido e di una composizione corporea variabile. Il loro sistema nervoso simpatico tende a essere più reattivo, causando picchi di frequenza cardiaca e fluttuazioni della pressione sanguigna più marcati. Quando il THC entra nel flusso sanguigno, innesca una cascata di risposte autonome: vasodilatazione in alcune regioni, vasocostrizione in altre. Questa risposta irregolare sottopone il cuore a stress, che deve lavorare di più per mantenere l'equilibrio. Per chi ha meno di quarant'anni, questi rapidi cambiamenti possono sembrare innocui in superficie perché si risolvono rapidamente. Ma sotto questa superficie, stabiliscono una base fisiologica di instabilità, soprattutto se ripetuti per mesi o anni.

Un caso riguardava una donna trentenne che stava facendo yoga quando improvvisamente si è accasciata a metà posizione. Appariva perfettamente sana: nessuna storia familiare, nessuna patologia diagnosticata, nessun segnale d'allarme. Inizialmente i paramedici sospettarono disidratazione o svenimento, ma una volta arrivata in ospedale, è andata in fibrillazione ventricolare. Il sistema elettrico del suo cuore è collassato in impulsi caotici. I tentativi di rianimazione hanno avuto successo, ma quando il Dott. London ha poi esaminato il suo angiogramma, ha riscontrato una sottile irritazione endoteliale nelle arterie coronarie. L'infiammazione non era dovuta a colesterolo o problemi autoimmuni; era riconducibile a un'esposizione cronica. Quando suo marito ha detto che faceva uso di edibili alla marijuana e occasionalmente svapava, lo ha detto in tono confuso, come se cercasse di capire come qualcosa di così benigno potesse essere collegato a un evento quasi fatale. La realtà, tuttavia, era che il THC contenuto nei concentrati da svapo può entrare nel flusso sanguigno in dosi elevate molto rapidamente, sopraffacendo i meccanismi regolatori del cuore.

I giovani adulti spesso sottovalutano la propria vulnerabilità proprio perché sono condizionati a pensare alla marijuana come qualcosa di naturale e quindi innocuo. I social media amplificano questa convinzione. Le piattaforme sono piene di influencer che fumano o consumano edibili mentre si allenano, fanno escursioni, ballano o svolgono attività che implicano resilienza e benessere. Il messaggio implicito è che la marijuana migliora la vita, non la minaccia. Ciò che questi giovani consumatori non vedono sono le cartelle cliniche esaminate dal Dott. London: le strisce aritmiche che mostrano improvvisi squilibri elettrici, gli angiogrammi che mostrano spasmi arteriosi che bloccano l'afflusso di sangue, o i risultati di laboratorio che rivelano un muscolo cardiaco carente di ossigeno. Non vedono il panico sui volti dei genitori nelle sale d'attesa degli ospedali, che cercano di capire come il loro figlio sano e attivo sia finito in arresto cardiaco.

Ancora più inquietanti furono i casi di giovani uomini e donne convinti che la marijuana li calmasse o li aiutasse a dormire. Uno di questi casi riguardava un uomo di ventiquattro anni che faceva uso di marijuana ogni notte per gestire lo stress. Fu trovato privo di sensi nella sua camera da letto dal suo compagno di stanza una mattina presto. In ospedale, divenne chiaro che aveva sofferto di un'aritmia silente durante il sonno, probabilmente innescata da uno squilibrio autonomico indotto dal THC. Sopravvisse, ma accusò un lieve deterioramento cognitivo a lungo termine dovuto a bassi livelli di ossigeno prolungati prima della scoperta. Nelle discussioni successive con lui, espresse incredulità. Disse di aver dato per scontato che la marijuana abbassasse la frequenza cardiaca e rilassasse il corpo, quindi riteneva che fosse più sicura dell'alcol o del tabacco. La sua comprensione si basava su messaggi culturali piuttosto che sulla realtà scientifica.

Questi pregiudizi sono particolarmente diffusi tra i giovani adulti, perché molti di loro sono cresciuti in un'epoca di legalizzazione e normalizzazione. La marijuana viene commercializzata con confezioni color pastello, slogan informali e un'attenzione particolare al "benessere". I giovani adulti non ricordano i decenni di ricerche che dimostrano l'effetto della marijuana sulla frequenza cardiaca, sul controllo autonomo e sulla funzione vascolare. Piuttosto, assorbono le narrazioni attuali che la inquadrano come una pianta innocua o uno strumento per alleviare lo stress. Questa discrepanza tra percezione e fisiologia è una delle ragioni principali per cui gli eventi cardiaci improvvisi sono diventati più comuni nelle popolazioni sotto i quarant'anni.

Un altro esempio lampante è stato quello di un ingegnere informatico trentaduenne che ha avuto un infarto mentre era in viaggio per lavoro. Inizialmente ha scambiato la sensazione di oppressione al petto per reflusso acido. Quando il dolore si è spostato alla mascella e ha iniziato a sentirsi stordito, ha accostato e ha chiamato un'ambulanza. In ospedale, è stata riscontrata un'ostruzione in una piccola ma critica arteria coronaria. Non si trattava del classico accumulo di placca che si osserva negli anziani; si trattava piuttosto di un coagulo innescato dall'infiammazione dei vasi e dalla disfunzione endoteliale. In seguito ha ammesso di aver iniziato a svapare olio di THC ad alta potenza quasi quotidianamente per gestire lo stress lavorativo. Svapare, ha detto, era più pulito del fumare e quindi più sicuro. Ciò che non sapeva era che le particelle ultrafini e gli additivi chimici presenti nel vapore possono infiammare rapidamente i vasi sanguigni, creando le condizioni perfette per la formazione di coaguli, anche in individui giovani e apparentemente sani.

Il Dott. London rifletteva spesso su come casi come questi avessero rimodellato la sua comprensione della percezione del rischio. I giovani tendono ad associare gli attacchi di cuore agli anziani che hanno alle spalle decenni di cattive abitudini. Immaginano arterie ostruite e piene di placche spesse, non gli spasmi improvvisi o le risposte infiammatorie acute indotte dalla marijuana. Di conseguenza, i giovani adulti possono ritardare la ricerca di aiuto quando si presentano i sintomi. Questo ritardo può essere fatale. In diversi casi, pazienti sotto i quarant'anni hanno aspettato ore prima di arrivare in ospedale, credendo che il dolore fosse muscolare o correlato allo stress. Al loro arrivo, il tessuto cardiaco aveva già subito danni irreversibili.

Anche la fisiologia del cuore giovane crea un ingannevole senso di protezione. Ad esempio, le pareti arteriose tendono a essere più elastiche in gioventù, il che potrebbe sembrare un vantaggio. Ma l'elasticità le rende anche più reattive agli stimoli chimici. Quando il THC induce vasocostrizione, le arterie possono chiudersi bruscamente e con forza, interrompendo l'afflusso di sangue in modo più drastico rispetto alle arterie più vecchie e rigide. Allo stesso modo, il sistema di conduzione del cuore in età giovanile è veloce e reattivo, ma questo lo rende più suscettibile a scariche elettriche in caso di sovrastimolazione. Aritmie come la fibrillazione atriale, la tachicardia sopraventricolare e persino le aritmie ventricolari sono state documentate in giovani consumatori di marijuana che non avevano patologie pregresse.

Un altro livello di rischio nella popolazione sotto i quarant'anni deriva dalle combinazioni di stili di vita. I giovani adulti spesso abbinano la marijuana ad altre scelte: bevande energetiche, alcol, esercizio fisico intenso o mancanza di sonno. Ognuno di questi fattori aumenta in modo indipendente lo stress cardiaco. Combinati con gli effetti fisiologici del THC, possono far pendere la bilancia in territorio pericoloso. Il Dott. London ha ricordato il caso di un ventiseienne appassionato di fitness che fumava marijuana prima degli allenamenti perché credeva che migliorasse la concentrazione. Durante una sessione, è andato in arresto cardiaco improvviso. La rianimazione lo ha salvato, ma la diagnosi successiva ha mostrato che aveva avuto un'aritmia maligna innescata dal THC combinato con l'elevata adrenalina dovuta all'esercizio fisico. L'intensa attivazione simpatica ha creato una tempesta perfetta all'interno di un cuore altrimenti sano.

Ci sono stati anche casi in cui la marijuana ha agito come un fattore di fondo silenzioso. Una donna di ventinove anni è arrivata in ospedale dopo essere svenuta sulle scale. Gli esami hanno rivelato una miocardite, un'infiammazione del muscolo cardiaco. Pur non avendo infezioni, malattie autoimmuni o fattori di rischio che potessero spiegarlo, ha ammesso di fare uso di marijuana ogni notte. L'esposizione al THC, combinata con una predisposizione che non sapeva di avere, ha innescato una cascata infiammatoria. La sua guarigione ha richiesto mesi di farmaci e un'attività fisica limitata, qualcosa che non si sarebbe mai aspettata di dover affrontare prima dei trent'anni.

Ciò che lega tutte queste storie è la triste verità: il cuore sotto i quarant'anni non è immune alle conseguenze cardiovascolari della marijuana. Gli eventi cardiaci improvvisi nei giovani adulti non sono anomalie mediche, ma modelli clinici sempre più riconosciuti. Molti di questi pazienti appaiono sani, in forma ed energici, ma l'aspetto superficiale nasconde sottili cambiamenti che si verificano all'interno delle reti vascolari ed elettriche del cuore.

Il Dott. London imparò gradualmente a porre domande specifiche quando i pazienti più giovani arrivavano con sintomi. Non chiedeva più solo se fumavano, ma chiariva cosa fumavano, con quale frequenza e in quale forma. Molti pazienti inizialmente non rivelavano il consumo di marijuana perché non lo ritenevano rilevante. Solo dopo aver raccontato le loro abitudini, i pezzi del puzzle si ricomponevano. Il divario tra la percezione pubblica e la realtà medica era evidente in queste interazioni. Molti giovani credevano che la marijuana fosse sicura perché erano cresciuti sentendo dire che era "solo una pianta". Pochi capivano che il mercato moderno offre prodotti molto più potenti della marijuana dei decenni precedenti.

I cuori giovani sono organi dinamici e altamente reattivi e, per molti versi, questa sensibilità li rende più vulnerabili agli stress acuti innescati dal THC. Mentre gli anziani spesso vanno incontro a un declino cardiovascolare cronico, i giovani sono più inclini a improvvisi eventi elettrici o vascolari. Questi eventi si verificano senza preavviso e possono verificarsi durante attività quotidiane come il sonno o intense come l'esercizio fisico.

La giovinezza non conferisce immunità. Anzi, crea un pericoloso punto cieco.

Alla fine di questo capitolo, il messaggio centrale diventa chiaro: la marijuana presenta rischi reali e immediati per la popolazione sotto i quarant'anni, rischi che troppo spesso vengono ignorati o ignorati. I pazienti finiti sui tavoli operatori o nei reparti di cardiologia non si sarebbero mai aspettati che la marijuana giocasse un ruolo nelle loro crisi mediche. Le loro storie ci ricordano che il cuore giovane, sebbene forte, non è indistruttibile. E in un mondo in cui l'uso di cannabis è sempre più comune e culturalmente normalizzato, comprendere questa vulnerabilità è essenziale, non per spaventare, ma per proteggere coloro che credono di essere intoccabili semplicemente a causa della loro età.

Capitolo 8 – Rischi di ictus e aritmia: gli effetti collaterali trascurati

Per la maggior parte delle persone che fanno uso di marijuana, l'idea che possa causare un ictus o innescare un ritmo cardiaco pericoloso sembra assurda, quasi ridicola. Immaginano gli ictus come eventi che accadono solo a persone con i capelli grigi, diabete o decenni di scelte di vita sbagliate. Anche le aritmie sono viste come problemi associati ai pazienti anziani, non a studenti universitari, giovani professionisti o consumatori ricreativi che considerano la marijuana un modo innocuo per rilassarsi. Eppure, dietro le porte chiuse dei reparti ospedalieri e dei pronto soccorso, è emerso un modello inquietante: ictus e aritmie indotti dalla marijuana in persone che si credevano troppo giovani e troppo sane per tali complicazioni. Questi eventi non sono accompagnati da cortesi avvertimenti. Arrivano all'improvviso, violentemente e spesso senza alcun sintomo precedente. E il filo conduttore che lega molti di questi casi è l'impatto trascurato del THC sui vasi sanguigni, sulla segnalazione elettrica e sulla stabilità circolatoria.

Il rischio di ictus, in particolare, è aumentato in modi che hanno sorpreso persino i medici più esperti. Il Dott. London ha spesso riflettuto su un caso che riguardava una donna di trentaquattro anni portata al pronto soccorso dal suo compagno dopo aver improvvisamente perso la capacità di parlare in modo coerente. Le sue parole si disgregavano in frammenti spezzati e un lato del suo viso si afflosciò. Inizialmente, il suo compagno insisteva sul fatto che fosse troppo giovane per avere un ictus. Ma una rapida scansione rivelò un coagulo incastrato in una piccola ma critica arteria che irrorava il suo centro del linguaggio. Il coagulo non assomigliava a quelli formati da un accumulo di colesterolo a lungo termine; sembrava invece fresco, improvviso e innescato da un evento vascolare improvviso. Quando gli è stato chiesto di eventuali abitudini o esposizioni recenti, il suo compagno ha menzionato passivamente di aver fatto qualche tiro da una sigaretta elettronica alla marijuana quella sera stessa. L'associazione gli sembrava impossibile, ma la fisiologia raccontava un'altra storia. Le sue arterie, già irritate da mesi di esposizione al vapore di THC ad alta potenza, si erano fortemente ristrette. Si formò un piccolo coagulo che poi si diffuse, interrompendo il flusso sanguigno in una regione vitale del cervello.

L'idea che la marijuana possa scatenare tali eventi parte da un fatto fondamentale: il THC colpisce drasticamente i vasi sanguigni. Può causarne la costrizione, la dilatazione o l'oscillazione tra i due stati, creando turbolenza nel flusso sanguigno. Per molti giovani consumatori, queste fluttuazioni passano inosservate. Ma sotto la superficie, le variazioni irregolari del tono vascolare creano le condizioni ideali per la formazione di coaguli. Quando un vaso si restringe improvvisamente, i componenti del sangue si avvicinano. Le piastrine si attaccano, i filamenti di fibrina si intrecciano rapidamente e un coagulo si forma con sorprendente facilità. Se il coagulo si stacca, può viaggiare verso il cervello e ostruire un'arteria delicata. Questo non è un fatto teorico. È il meccanismo alla base di molti degli ictus che il Dott. London ha trattato nei giovani consumatori di marijuana.

Un altro aspetto altrettanto preoccupante è l'effetto del THC sulla pressione sanguigna. Le persone spesso associano la marijuana al rilassamento, immaginando una riduzione dello stress e della tensione fisiologica. Le prime fasi dell'intossicazione possono effettivamente includere una sensazione di calma. Ma ciò che i consumatori non vedono è l'improvviso picco di frequenza cardiaca e pressione sanguigna che si verifica frequentemente nei minuti successivi all'inalazione o all'ingestione. Questo aumento simpatico può essere abbastanza potente da danneggiare il rivestimento dei vasi sanguigni o rimuovere placche arteriose preesistenti. Anche nelle persone che non presentano accumulo di placca sottostante, l'improvviso aumento della pressione può creare microlesioni nelle cellule endoteliali, esponendo le superfici vulnerabili ai fattori di coagulazione circolanti. Queste lesioni microscopiche sono invisibili al consumatore, eppure costituiscono lo sfondo per eventi che possono degenerare drasticamente.

Le aritmie – ritmi cardiaci anormali – seguono un modello simile di invisibilità fino al momento in cui colpiscono. L'impatto della marijuana sul sistema elettrico del cuore è ampiamente sottovalutato. Il THC interagisce con i recettori non solo nel cervello, ma anche nel tessuto cardiaco stesso. Questi recettori modulano i canali ionici responsabili del mantenimento di un ritmo cardiaco costante. Quando il THC interferisce con questi canali, può innescare schemi di attivazione irregolari. Per alcuni consumatori, questo si manifesta con una breve palpitazione o un tremore che ignorano. Ma in altri, soprattutto in coloro che sono geneticamente predisposti, disidratati, stressati o che combinano marijuana con alcol o caffeina, l'interferenza si intensifica in fibrillazione atriale o tachicardia.

La Dott.ssa London ricordava una studentessa universitaria di ventisette anni che si era recata al pronto soccorso lamentando un battito cardiaco "incontrollato". La sua frequenza cardiaca era di quasi 180 battiti al minuto. Era stata a un raduno, aveva fatto diversi tiri da uno spinello e improvvisamente aveva sentito una stretta al petto. Disse alle infermiere di non aver mai avuto problemi cardiaci prima e di aver pensato che ci fosse qualcosa che non andava nei suoi polmoni. Ma l'ECG mostrava una chiara tachicardia sopraventricolare. L'aritmia era stata innescata da un'interruzione elettrica, innescata dalla sovrastimolazione del suo sistema nervoso autonomo da parte del THC. Ci vollero farmaci e manovre controllate per rallentare il battito cardiaco e, in seguito, espresse shock per il fatto che la marijuana potesse essere stata la causa sottostante.

I casi di fibrillazione atriale erano altrettanto frequenti. Un banchiere trentanovenne si presentò con improvvisa mancanza di respiro e battito cardiaco irregolare dopo una serata passata a fumare marijuana con gli amici. Non aveva ipertensione, né problemi di colesterolo, né una storia familiare. Ma i segnali irregolari e caotici nei suoi atri lo mettevano a rischio di formazione di coaguli all'interno delle camere cardiache, che potevano poi raggiungere il cervello e causare un ictus. Anche quando l'aritmia si era risolta, i medici gli spiegarono che l'episodio aveva aumentato il rischio di ictus nel corso della vita, creando un pattern di instabilità elettrica che poteva ripresentarsi inaspettatamente. La sua reazione fu di incredulità; aveva dato per scontato che la fibrillazione atriale fosse un problema che capitava agli uomini anziani, non a qualcuno che correva mezze maratone e si considerava attento alla salute, fatta eccezione per il fumo occasionale.

In molti casi, i rischi di ictus e aritmia si sovrappongono, formando una combinazione pericolosa. Le persone che soffrono di aritmie indotte dal THC possono generare un flusso sanguigno irregolare all'interno del cuore. Questo movimento turbolento favorisce la formazione di coaguli negli atri. Una volta formati, questi coaguli possono essere spinti in circolo e raggiungere il cervello. Ecco perché anche episodi isolati di fibrillazione atriale sono preoccupanti, soprattutto se innescati da sostanze come la marijuana, che possono causare disturbi ripetuti.

Un caso particolarmente tragico ha coinvolto un'insegnante trentaduenne, trovata svenuta nella sua casa da un vicino. È stata portata d'urgenza in ospedale con un grave ictus. Il coagulo si era formato nel suo cuore durante un'aritmia non rilevata e aveva bloccato una delle principali arterie che irrorano il cervello. È stata sottoposta a un intervento chirurgico d'urgenza per rimuovere il coagulo. Nei giorni successivi, mentre il Dott. London ricostruiva la sua storia clinica, ha scoperto che svapava marijuana diverse volte a settimana per gestire l'ansia cronica. L'autopsia ha rivelato un sistema cardiovascolare altrimenti sano, fatta eccezione per segni di instabilità elettrica nel tessuto cardiaco, probabilmente aggravata dalla ripetuta esposizione al THC. I suoi amici hanno poi affermato di aver sempre pensato che svapare fosse il modo più sicuro e pulito per consumare marijuana, e lei la pensava allo stesso modo.

Un altro concetto spesso trascurato è la sindrome da vasocostrizione cerebrale reversibile (RCVS), una condizione più comune tra i giovani consumatori di marijuana di quanto si pensi. Nella RCVS, le arterie cerebrali si restringono in modo imprevedibile, limitando il flusso sanguigno. Questo causa mal di testa intensi e improvvisi, a volte chiamati "cefalea a rombo di tuono". Nei casi più gravi, il restringimento può portare a ictus. Il Dott. London ricordava un uomo di trent'anni arrivato al pronto soccorso con la testa tra le mani e incapace di aprire gli occhi per il dolore. Descrisse la sensazione come se "qualcosa fosse esploso dentro". Le immagini mostravano un restringimento di diverse arterie cerebrali. La causa era riconducibile a un potente edibile che aveva consumato in precedenza, che aveva rilasciato un'elevata dose di THC nel flusso sanguigno troppo rapidamente. I vasi hanno risposto bloccandosi, innescando una reazione a catena che avrebbe potuto facilmente sfociare in un ictus vero e proprio.

Nonostante questi casi allarmanti, la percezione pubblica della marijuana come innocua persiste, in parte perché i suoi effetti sono incoerenti. Non tutti i consumatori soffrono di palpitazioni. Non tutti i consumatori hanno un ictus. Queste incongruenze creano un falso senso di sicurezza, convincendo le persone che la marijuana sia benigna quando, in realtà, la loro fisiologia personale potrebbe semplicemente mascherare i segnali d'allarme. Alcuni individui hanno vasi geneticamente resistenti o sistemi di conduzione elettrica naturalmente stabili. Altri potrebbero trovarsi inconsapevolmente al limite del rischio, con il THC che agisce come l'unico fattore scatenante in grado di spingerli verso una crisi medica.

Un altro fattore che contribuisce a rischi trascurati è la potenza dei moderni prodotti a base di marijuana. Le concentrazioni di THC sono aumentate ben oltre quanto sperimentato dalle generazioni precedenti. Queste varietà e concentrati ad alta potenza rilasciano dosi potenti che sovraccaricano i sistemi regolatori dell'organismo. I vasi si restringono più bruscamente. Il cuore accelera più intensamente. La pressione sanguigna aumenta più bruscamente. E mentre un adulto anziano potrebbe avvertire immediatamente questi cambiamenti perché il suo sistema cardiovascolare è meno flessibile, i giovani adulti potrebbero non avvertire nulla. Il loro corpo compensa, fino al momento in cui non possono più farlo.

Il Dott. London si chiedeva spesso quanti ictus e aritmie avrebbero potuto essere prevenuti se i consumatori avessero compreso la reazione fisiologica a catena che stavano innescando. Immaginava quanto diversamente si sarebbero comportate le persone se avessero capito che il THC può causare una contrazione vigorosa delle cellule muscolari lisce delle pareti arteriose, proprio come un crampo improvviso in un muscolo. Queste contrazioni possono interrompere il flusso sanguigno nei delicati vasi del cervello o causare un restringimento pericoloso delle arterie coronarie che irrorano il cuore. La stessa ondata autonomica che dà ad alcune persone un senso di euforia o leggerezza può mandare il cuore in un ritmo caotico.

Un altro quadro preoccupante è emerso quando il THC è stato associato alla disidratazione, una condizione comune tra i giovani che assumono caffeina, fanno esercizio fisico intenso o dimenticano di assumere liquidi. La disidratazione addensa il sangue, aumentando la probabilità di formazione di coaguli. In combinazione con la vasocostrizione indotta dal THC, il rischio di ictus aumenta significativamente. Il Dott. London ha curato diversi pazienti sotto i quarant'anni che hanno avuto ictus durante o dopo sessioni di allenamento in cui avevano precedentemente consumato marijuana. La combinazione di ridotta idratazione, frequenza cardiaca elevata ed effetti del THC ha creato le condizioni perfette per il collasso vascolare o la formazione di coaguli.
Ciò che rende queste situazioni ancora più pericolose è il ritardo nel riconoscimento. I giovani utenti spesso ignorano i sintomi precoci di ictus o aritmia. Intorpidimento o formicolio possono essere scambiati per ansia. Un improvviso capogiro può essere attribuito alla fame o alla disidratazione. Il fastidio al petto viene liquidato come uno stiramento muscolare. Il battito cardiaco irregolare viene razionalizzato come stress. Questi ritardi nella ricerca di aiuto possono portare a danni irreversibili. Molti giovani pazienti sono arrivati troppo tardi per la somministrazione di farmaci trombolitici o per interventi elettrici tempestivi.

Esaminando questi casi nel corso degli anni, il Dott. London si rese conto che le complicazioni vascolari e del ritmo cardiaco legate alla marijuana non erano casuali. Seguivano schemi precoci, schemi legati al dosaggio, alla frequenza, alla potenza e alle vulnerabilità individuali. Schemi che indicavano una verità chiara e spesso ignorata: la marijuana non è sicura semplicemente perché è naturale. Agisce sui vasi sanguigni con la stessa potenza di molte sostanze sintetiche. Altera il ritmo cardiaco con la stessa imprevedibilità osservata negli stimolanti. E introduce rischi di ictus e aritmie in popolazioni che tradizionalmente si credevano immuni.

I giovani adulti che si sono rivolti al pronto soccorso non erano individui sconsiderati; molti erano istruiti, attenti alla salute e socialmente responsabili. Il loro errore più grande è stato dare per scontato che la marijuana non potesse danneggiare il loro sistema cardiovascolare perché nessuno gli aveva detto il contrario.

Questo capitolo serve a ricordare che il cervello e il cuore operano con delicata precisione. Le interruzioni del flusso sanguigno o del ritmo, indipendentemente dalla causa, comportano conseguenze. Quando il THC interferisce con il tono vascolare, la pressione sanguigna e la segnalazione elettrica, tali conseguenze possono diventare improvvise e gravi. I rischi di ictus e aritmia non sono possibilità remote per i giovani consumatori; sono reali, immediati e profondamente sottovalutati.

Comprendere questi rischi non significa incutere timore; significa ripristinare la chiarezza laddove la disinformazione si è diffusa. Man mano che la marijuana diventa una pratica comune nella società, la responsabilità di riconoscerne l'impatto cardiovascolare diventa più urgente. La conoscenza non è un ostacolo al godimento; è una salvaguardia contro danni irreversibili.

Capitolo 9 – Cosa contiene il fumo di marijuana: tossine, catrame e sottoprodotti della combustione

La maggior parte di coloro che difendono la marijuana come una sostanza completamente innocua basano la loro convinzione sul fatto che si tratti di una pianta. Sostengono che qualsiasi cosa cresca nel terreno, venga annaffiata dalla pioggia e nutrita dalla luce solare non possa produrre effetti pericolosi se bruciata e inalata.*organico*ha assunto un significato quasi magico nella cultura moderna, un significato che molti usano per giustificare le proprie scelte senza mettere in discussione la scienza che le sostiene. Eppure la verità, osservata attraverso decenni di medicina e chimica, è che il processo di combustione di qualsiasi materiale vegetale crea tossine. Non importa se la pianta è stata coltivata in un orto o in una serra biologica certificata. Nel momento in cui il fuoco la tocca, la chimica cambia e il fumo diventa un cocktail di sostanze chimiche nocive che i polmoni non sono stati progettati per elaborare.

Per il Dott. London, la prova più evidente di questa realtà non proveniva da dibattiti accademici, ma dall'odore e dalla densità del fumo stesso. Il fumo di marijuana aleggia nei corridoi degli ospedali, sugli abiti dei pazienti e nell'aria delle sale d'attesa quando i visitatori escono per qualche tiro veloce. Ha la stessa pesantezza del fumo di tabacco: lo stesso residuo appiccicoso, lo stesso bruciore pungente. Chiunque abbia mai camminato attraverso una nuvola di fumo di marijuana sa istintivamente che non si tratta semplicemente di vapore acqueo o di una nebbia innocua. L'odore appiccicoso che si attacca ai tessuti è la prova della presenza di particelle che rimangono sospese a lungo dopo il rilascio del fumo.

Per capire cosa succede quando la marijuana brucia, bisogna prima capire la combustione stessa. Il fuoco è una reazione chimica, non solo un modo pratico per produrre calore. Quando il materiale vegetale viene incendiato, la cellulosa, gli oli e i composti biologici in esso contenuti iniziano a decomporsi. Le loro strutture molecolari si decompongono sotto l'effetto del calore intenso e si riassemblano in nuovi composti che prima non esistevano nella pianta. Alcuni di questi composti sono relativamente innocui, ma molti sono tossici. A queste tossine non importa se la pianta sia naturale o biologica. La combustione le trasforma in sostanze irritanti, cancerogene e particolato pesante che penetrano in profondità nei polmoni.

Uno dei principali componenti del fumo di marijuana è il catrame. Il catrame non è una singola sostanza, ma una miscela di più sostanze chimiche che formano un materiale appiccicoso e resinoso. Il catrame delle sigarette è tristemente noto per macchiare le dita e i denti dei consumatori abituali, ma il catrame della marijuana è chimicamente simile e, in alcuni casi, più denso a causa degli oli presenti nella pianta. Quando la marijuana brucia, il fumo trasporta questo catrame nelle vie respiratorie. A ogni inalazione, il catrame ricopre il rivestimento dei bronchi e degli alveoli, aderendo alle delicate strutture responsabili dello scambio di ossigeno. Nel tempo, questo accumulo limita il flusso d'aria, irrita i polmoni e aumenta il rischio di malattie croniche.

Durante l'intervento chirurgico, il Dott. London aveva visto polmoni appartenenti a individui che sostenevano di non aver mai fumato sigarette, ma solo marijuana. La colorazione e i residui all'interno della cavità toracica erano inconfondibili. Sebbene i polmoni non fossero identici a quelli di fumatori di tabacco da sempre, le differenze erano molto più piccole di quanto molti si aspettassero. Gli strati di catrame della marijuana lasciavano dietro di sé una serie di chiazze di tessuto scuro e bronchi irritati, il che lasciava intendere che l'apparato respiratorio fosse stato sottoposto a ripetute inalazioni di particolato riscaldato.

Un altro componente preoccupante del fumo di marijuana è il particolato fine che rimane sospeso nell'aria riscaldata. Queste particelle, molte delle quali microscopiche, penetrano in profondità nei polmoni. A differenza delle particelle più grandi che il corpo può espellere attraverso la tosse o il muco, questi minuscoli frammenti si annidano negli alveoli, le piccole sacche responsabili del trasporto dell'ossigeno nel flusso sanguigno. Una volta intrappolati, causano infiammazione. Nel breve termine, questo porta a tosse o irritazione che molti consumatori liquidano come normali. Nel corso degli anni, tuttavia, l'infiammazione cronica può danneggiare l'integrità strutturale dei polmoni e contribuire a malattie come la bronchite cronica e la riduzione della capacità polmonare.
Quando si parla di tossine presenti nel fumo di marijuana, la conversazione spesso si sposta sulle sostanze cancerogene, ovvero le sostanze chimiche cancerogene ampiamente riconosciute nel tabacco. Ciò che molti non sanno è che il fumo di marijuana contiene molte delle stesse sostanze cancerogene presenti nel fumo di sigaretta, tra cui benzene, toluene, formaldeide e idrocarburi policiclici aromatici (IPA). Questi composti non sono presenti solo nel tabacco; sono sottoprodotti della combustione di materia organica. Che si bruci una sigaretta, uno spinello o persino un pezzo di legno, queste sostanze chimiche si formeranno. La differenza sta nell'esposizione: quando una persona inala direttamente attraverso uno spinello o una pipa, i polmoni sono esposti a una dose concentrata di queste sostanze cancerogene.

Un luogo comune errato è che la marijuana produca un fumo "più pulito" del tabacco perché non contiene additivi. Tuttavia, gli additivi non sono la fonte primaria di sostanze cancerogene nel fumo di sigaretta. Le sostanze cancerogene derivano dal processo di combustione stesso. È la combustione a generare tossine, non le sostanze chimiche aggiunte al prodotto. Anche se una pianta viene coltivata con i più meticolosi metodi di agricoltura biologica, il suo fumo conterrà comunque sottoprodotti nocivi una volta incendiata.

Una volta il Dott. London curò un paziente convinto che i suoi polmoni fossero protetti perché coltivava marijuana in casa. Descrisse con orgoglio il suo rifiuto di pesticidi, fertilizzanti e additivi. Ma quando le sue scansioni rivelarono una significativa infiammazione e i primi segni di danno alle vie respiratorie, la sua incredulità fu palpabile. Insistette sul fatto che il suo fumo non poteva essere dannoso perché lo aveva prodotto lui stesso con cura. Quando il Dott. London spiegò che il fuoco stesso era la fonte delle tossine, non il processo di coltivazione, il paziente rimase seduto in silenzio, assorbendo una verità che non era stato disposto a riconoscere per anni.

La marijuana produce anche composti come ammoniaca e acido cianidrico durante la combustione. Queste sostanze chimiche irritano gli occhi, la gola e le vie respiratorie, contribuendo alla sensazione di bruciore avvertita da molti consumatori. La tosse che segue è spesso interpretata come una parte normale dell'esperienza, persino celebrata da alcuni come segno di un "tiro forte". Eppure la tosse è un meccanismo di difesa. Segnala che i polmoni sono sotto attacco, cercando disperatamente di espellere sostanze nocive.

Più profondamente si inala, più a lungo il fumo viene trattenuto nei polmoni. A molti consumatori è stato insegnato, erroneamente, che questa tecnica intensifica l'effetto del THC. In realtà, il THC viene assorbito entro i primi secondi. Trattenere il fumo non fa altro che aumentare l'esposizione al catrame e alle tossine, consentendo loro di depositarsi più in profondità nel tessuto polmonare. Questa pratica aumenta anche l'assorbimento di monossido di carbonio, un altro componente pericoloso del fumo di marijuana. Il monossido di carbonio si lega all'emoglobina in modo più efficace dell'ossigeno, riducendo la disponibilità di ossigeno per i tessuti. Nel tempo, questo può contribuire ad affaticamento, riduzione della resistenza e affaticamento cardiovascolare a lungo termine.

Oltre alla composizione chimica, la temperatura del fumo di marijuana introduce un ulteriore livello di rischio. Il calore prodotto durante la combustione è sufficientemente intenso da danneggiare le cellule che rivestono le vie aeree. Queste cellule sono delicate per natura, progettate per consentire all'ossigeno di passare senza sforzo nel flusso sanguigno. L'esposizione ripetuta a temperature elevate ne causa la morte o il malfunzionamento. In alcuni casi, le vie aeree tentano di proteggersi producendo più muco o ispessendo il rivestimento, un processo che alla fine ostruisce il flusso d'aria e riduce l'efficienza polmonare.

Un'altra fonte trascurata di tossine nel fumo di marijuana è il processo di coltivazione stesso, anche nelle piante etichettate come biologiche. Mentre molti coltivatori mirano alla purezza, la contaminazione può avvenire attraverso il suolo, l'aria e l'acqua. Metalli pesanti come piombo, arsenico e cadmio sono stati rilevati nelle piante di marijuana, assorbiti da terreni o fertilizzanti contaminati. Quando la pianta brucia, questi metalli vaporizzano e penetrano nel fumo inalato. Si accumulano quindi nei polmoni e nel flusso sanguigno, contribuendo alla tossicità a lungo termine. Il Dott. London ha ricordato casi in cui i pazienti presentavano elevati livelli di metalli pesanti nel sangue, nonostante non avessero mai fumato sigarette o vivessero vicino a fonti di inquinamento industriale. In diversi casi, la marijuana era l'unica fonte plausibile.

Inoltre, muffe e funghi sono comuni nella marijuana conservata, soprattutto se trattata in modo improprio o conservata in ambienti umidi. La combustione della muffa non neutralizza le spore, ma rilascia ulteriori sostanze irritanti nel fumo. L'inalazione di queste spore può causare infezioni respiratorie, gravi reazioni allergiche e, in rari casi, infezioni fungine difficili da trattare. Sebbene questi rischi siano più comuni tra i consumatori con un sistema immunitario indebolito, rappresentano una minaccia per chiunque inali fumo contaminato.

Anche lo svapo, spesso considerato un'alternativa più sicura, non elimina la maggior parte di questi rischi. Sebbene lo svapo eviti la combustione, riscalda gli oli a temperature sufficientemente elevate da rilasciare particelle ultrafini e composti organici volatili. La concentrazione può differire da quella del fumo, ma il problema fondamentale rimane: inalare particelle e sostanze chimiche nei polmoni introduce rischi che il sistema respiratorio non è progettato per gestire. Il Dott. London aveva visto polmoni danneggiati dallo svapo proprio come aveva visto polmoni danneggiati dal fumo, sebbene con schemi diversi. In entrambi i casi, gli utenti avevano ritenuto che i metodi fossero sicuri perché non comportavano combustione.
Un altro aspetto importante del fumo di marijuana è che contiene cannabinoidi che interagiscono con l'organismo oltre il cervello. Questi composti possono indebolire le difese immunitarie nei polmoni, rendendo più difficile combattere le infezioni. I minuscoli peli che rivestono le vie aeree, chiamati ciglia, agiscono come un sistema di pulizia dei polmoni. Si muovono ritmicamente, spazzando via polvere, detriti e microrganismi. L'esposizione al fumo paralizza queste ciglia. In questo stato di temporaneo congelamento, i polmoni perdono la capacità di autopulirsi. L'esposizione ripetuta prolunga questa paralisi, consentendo a tossine e agenti patogeni di depositarsi più in profondità nelle vie aeree. Nel corso di mesi e anni, questo contribuisce all'infiammazione cronica e aumenta il rischio di malattie respiratorie.

La convinzione che il fumo di marijuana sia intrinsecamente più sicuro del fumo di tabacco perché proviene da una pianta diversa è radicata più nella percezione culturale che nei fatti scientifici. Le sostanze chimiche prodotte dalla combustione di materiale organico non discriminano. Si comportano secondo leggi chimiche, non secondo convinzioni sociali. Il Dott. London aveva spesso riflettuto su quanto diverso sarebbe stato l'approccio delle persone alla marijuana se avessero capito che il danno polmonare a cui aveva assistito era il risultato dell'inalazione degli stessi tipi di sostanze che avrebbero evitato in quasi ogni altro contesto: catrame, sostanze cancerogene, monossido di carbonio, metalli pesanti e composti organici volatili.

I polmoni, con le loro delicate membrane e le intricate vie aeree, non sono mai stati progettati per filtrare alcun tipo di fumo. Il loro compito è scambiare ossigeno e anidride carbonica, non elaborare i sottoprodotti della combustione. Ogni inalazione li costringe a confrontarsi con sostanze chimiche che non sono in grado di neutralizzare. Ogni boccata accumula danni microscopici che si aggravano nel tempo.

Il contenuto del fumo di marijuana non è un mistero nascosto nelle riviste mediche. È un risultato prevedibile della combustione del materiale vegetale. Le tossine non scompaiono semplicemente perché la pianta è stata coltivata senza sostanze chimiche. Il catrame non si dissolve perché il consumatore crede che l'esperienza sia innocua. Le sostanze cancerogene non scompaiono perché la cultura presenta la marijuana come naturale. Il fuoco trasforma la materia organica in sostanze che i polmoni non possono gestire in sicurezza.

Capire cosa contiene il fumo di marijuana, al suo livello più elementare, significa riconoscere la realtà al di sopra della percezione. Significa riconoscere che una pianta naturale, una volta bruciata, produce effetti innaturali sul corpo umano. E significa rendersi conto che nessuna strategia di marketing, cultura o convinzione personale può modificare la chimica della combustione.

Capitolo 10 – Polmoni anneriti: cosa vedono i chirurghi nei fumatori abituali di marijuana

La sala operatoria ha il potere di sradicare le illusioni. Fuori dalle mura dell'ospedale, le persone si aggrappano a convinzioni – alcune culturali, altre generazionali, altre alimentate dal marketing o da illusioni. Dentro la sala operatoria, tuttavia, la verità si mostra in modi inequivocabili. I chirurghi imparano rapidamente che i corpi non mentono. Rivelano ogni abitudine, ogni sostanza inalata, ogni decisione di stile di vita accumulata silenziosamente nel corso degli anni. Il dottor Jeremy London rifletteva spesso sul fatto che, per quanto qualcuno insistesse con sicurezza sull'innocuità del fumo di marijuana, i polmoni che apriva raccontavano una storia molto diversa. Mentre si trovava di fronte a un torace aperto, le prove erano proprio davanti a lui: nette, innegabili e spesso scioccanti persino per i pazienti che credevano di aver fatto scelte "sane".

Per oltre venticinque anni, aveva osservato l'emergere di uno schema. Tutto cominciò con casi individuali che all'inizio sembravano insoliti, persino sorprendenti. Un giovane sulla quarantina che non aveva mai fumato una sigaretta ma che arrivò al pronto soccorso sudato, con un dolore lancinante al petto che si irradiava lungo il braccio sinistro. Una donna poco più che cinquantenne che faceva fatica a respirare dopo uno sforzo minimo, nonostante affermasse di condurre uno "stile di vita naturale" ed evitare cibi lavorati, alcol e tabacco. Uno studente universitario magro e atletico che crollò durante una corsa mattutina, lasciando tutti sconcertati quando gli esami di diagnostica per immagini rivelarono gravi ostruzioni coronariche tipiche di persone con il doppio della sua età. Le loro storie differivano notevolmente, ma un dettaglio le accomunava: il fumo abituale di marijuana.

Molti di questi pazienti avevano trascorso tutta la vita convinti che la marijuana fosse la scelta più sicura, l'alternativa biologica, il fumo innocuo. Numerose conversazioni riflettevano lo stesso sentimento: frasi come "È naturale", "È solo una pianta" o "Non è come le sigarette" circolavano con una sorta di certezza culturale. Eppure, quando il Dott. London aprì le loro cavità toraciche e osservò direttamente i tessuti responsabili della loro vita, ciò che trovò mise ripetutamente in discussione tali convinzioni. I polmoni, un tempo destinati a essere rosa e spugnosi, presentavano una profonda fuliggine incastonata nelle pieghe tissutali. Striature annerite si ramificavano verso l'esterno in delicati disegni che mappavano anni di fumo inalato. Questi polmoni spesso non erano diversi da quelli dei fumatori di sigarette da una vita, e a volte, persino peggiori.

Ricordava in modo particolarmente vivido un paziente, un uomo di quarantacinque anni che si era presentato con un peggioramento della mancanza di respiro e del fastidio al petto. Il paziente insisteva di vivere "in modo pulito" e, quando gli fu chiesto del fumo, rispose con sicurezza di non aver mai toccato una sigaretta. Solo dopo ulteriori domande ammise di usare marijuana ogni sera per rilassarsi, a volte di più nei fine settimana. Lo descrisse con nonchalance, come se non avesse alcun significato. Tutti nella sua cerchia sociale la usavano. Gli sembrava normale come un bicchiere di vino serale per gli altri. Credeva addirittura che lo proteggesse dagli effetti nocivi del tabacco perché, come spiegò, la marijuana era "solo un'erba".
In sala operatoria, quando gli aprirono lo sterno e i polmoni divennero visibili, la vista contraddiceva ogni aspetto delle sue convinzioni. Invece della morbida superficie rosata che un chirurgo spera di vedere, i suoi polmoni erano macchiati di un grigio antracite. Al tatto, una sostanza particolata nera si sollevava come una debole nuvola di polvere, quasi impercettibile ma inequivocabilmente presente. I tessuti si aggrappavano l'uno all'altro, appiccicosi di catrame. Le arterie che irroravano il cuore mostravano placche così spesse che il sangue riusciva a malapena a passare. Questo, a sua volta, richiese un intervento di bypass, un intervento tipicamente riservato ai pazienti più anziani con decenni di rischio cardiaco alle spalle. L'équipe chirurgica lavorò rapidamente, ma anche per i professionisti più esperti, il contrasto visivo tra l'autopercezione del paziente e lo stato della sua cavità toracica lasciò un'impressione duratura.

Casi come il suo si ripetevano all'infinito. A volte questi individui apparivano fisicamente in forma, persino muscolosi. Spesso davano per scontato che la loro giovinezza o la loro dieta sana li proteggessero dai rischi. Ma il fumo di marijuana si era insinuato silenziosamente nel loro apparato respiratorio, lasciando una scia di danni che l'occhio nudo poteva vedere aprendo il torace. La materia organica bruciata, indipendentemente dalla sua origine, lasciava residui particellari che ricoprivano i bronchi, si depositavano in profondità negli alveoli e scurivano tessuti che non avrebbero mai dovuto incontrare altro che ossigeno. Il Dott. London diceva spesso che ai polmoni non importa se il fumo proviene da una sigaretta rollata a mano o da una cima di cannabis coltivata in casa. Il fumo rimane fumo.
Aveva anche visto la delusione e la confusione nelle famiglie che aspettavano fuori dalla sala operatoria. Molti parenti confidavano fermamente nell'innocuità della marijuana. Quando scoprivano che il loro caro necessitava di interventi d'urgenza solitamente associati all'uso prolungato di tabacco, spesso reagivano con incredulità. Una volta una moglie chiese perché i polmoni del marito fossero descritti come "quasi neri", dato che non aveva mai fumato una sigaretta di tabacco al giorno in vita sua. Lo ripeté più volte, come se sperasse che l'informazione potesse cambiare prima di finire la frase. La sua confusione si trasformò in un silenzio attonito quando il chirurgo spiegò che l'inalazione abituale di marijuana, soprattutto se protratta per molti anni, contiene catrame, sostanze cancerogene e ceneri microscopiche in quantità sufficiente ad alterare drasticamente i tessuti polmonari.

Alcuni casi erano più estremi, indicando un uso cronico e pesante di marijuana che lasciava gli organi in uno stato di deterioramento incredibilmente avanzato. Un uomo sulla cinquantina si presentò con un forte dolore toracico che aumentò rapidamente; nel giro di venti minuti era pallido, sudato e quasi cosciente. La diagnostica per immagini rivelò molteplici ostruzioni coronariche e fu necessario un intervento chirurgico immediato. Durante l'operazione, il Dott. London scoprì che i suoi polmoni non solo si erano scuriti, ma avevano assunto un colore quasi carbone intorno all'ilo, e le arterie che alimentavano il cuore mostravano un grado di calcificazione che avrebbe dovuto impiegare decenni per svilupparsi. L'équipe chirurgica ebbe difficoltà a destreggiarsi tra i vasi irrigiditi. Dopo l'intervento, con il paziente stabile, il chirurgo parlò con la famiglia e apprese che faceva uso quotidiano di marijuana fin dall'università. I familiari rimasero sciocccati, insistendo sul fatto che conducesse uno stile di vita sano a parte questa abitudine. Ma per il chirurgo, la correlazione era prevedibile da tempo.

In oltre due decenni di interventi chirurgici su cuore e polmoni, il Dott. London aveva imparato a riconoscere un aspetto caratteristico dei polmoni esposti ad anni di fumo di marijuana. Notò come la fuliggine si depositasse in modo non uniforme in alcuni pazienti, creando chiazze dove il catrame si aggrappava più pesantemente ai lobi superiori, probabilmente a causa del loro schema di inalazione. Vide alveoli danneggiati e dilatati, primi segni di enfisema che si manifestavano in persone troppo giovani per tali cambiamenti strutturali. Le membrane cellulari mostravano spesso un'irritazione coerente con una risposta infiammatoria cronica. In alcuni casi, il tessuto polmonare appariva più denso e meno elastico, come se si fosse irrigidito a causa della ripetuta esposizione al fumo caldo. Questi dettagli, visibili all'occhio esperto, dipingevano un quadro ben lontano dal mito dell'innocuo fumo "organico".

Una delle scoperte più sconvolgenti è stata fatta da pazienti che fumavano sia marijuana che tabacco, convinti che la marijuana in qualche modo mitigasse gli effetti nocivi delle sigarette. I loro polmoni mostravano spesso un danno a doppio strato: i prevedibili depositi di catrame del tabacco e l'accumulo resinoso e appiccicoso della marijuana. La combinazione creava tessuto polmonare che faticava a espandersi correttamente. Gli strumenti chirurgici a volte incontravano resistenza durante la divaricazione delle costole, perché l'infiammazione cronica faceva sì che i polmoni aderissero leggermente alla parete toracica. In questi casi, persino il suono del tessuto che si separava aveva un tono pesante e definitivo che echeggiava nella stanza, un ricordo di anni di lesioni lente e cumulative.

I pazienti giovani si distinguevano per un motivo diverso. Molti di loro esitavano ad ammettere l'uso di marijuana, temendo il giudizio o ritenendolo irrilevante. Il Dott. London ricordava un uomo di ventotto anni arrivato dopo un collasso al lavoro. I suoi amici insistevano che fosse sano, atletico e conducesse uno stile di vita sano. Durante l'intervento, il chirurgo trovò dei depositi sorprendenti nei suoi polmoni: ammassi di particolato nero incastonati in profondità nel tessuto. Le sue arterie contenevano formazioni di placche più tipiche di una persona sulla quarantina. Quando la famiglia fu informata in seguito, rimase incredula, insistendo ripetutamente sul fatto che fumasse solo "erba naturale". Eppure le prove nel suo petto raccontavano una storia che contraddiceva ogni supposizione.

Queste esperienze si sono accumulate nel corso degli anni, rafforzando una verità che pochi al di fuori del campo medico comprendono appieno. Molti dei fumatori di cannabis curati dal Dr. London non si erano mai considerati "fumatori". Evitavano deliberatamente l'etichetta, associandola solo al tabacco. Questa separazione psicologica li rendeva ciechi alla realtà che stavano ancora inalando materiale combusto: un fumo denso, caldo e carico di sostanze chimiche che trasportava catrame, sostanze cancerogene e particolato fine nelle delicate vie respiratorie. Il polmone umano, ottimizzato nel corso di milioni di anni esclusivamente per lo scambio di ossigeno, non ha alcun meccanismo integrato per filtrare o neutralizzare i detriti vegetali bruciati. Ogni inalazione provocava microlesioni e l'accumulo di tali lesioni si manifestava infine nei tessuti visitati dal chirurgo.

Nelle sale operatorie della sua carriera, il Dott. London ha raramente sentito chirurghi affermare che i polmoni inalati con la marijuana apparissero puliti o intatti. Tra coloro che trascorrevano le loro giornate all'interno delle cavità toraciche, il consenso era ben diverso dalla percezione pubblica. Chirurghi, anestesisti, pneumologi – coloro che interagivano direttamente con gli apparati – concordavano sul fatto che il fumo di marijuana causasse danni visibili e che i suoi effetti spesso si manifestassero prima di quanto i pazienti avessero previsto.

Un caso particolarmente memorabile riguardava un uomo sulla quarantina che, durante tutta la visita, insisteva sul fatto che la marijuana lo avesse aiutato a "mantenere la calma", a "gestire lo stress" e a "evitare l'alcol". La considerava uno strumento protettivo, qualcosa che sosteneva il suo benessere mentale. Ma quando ebbe un improvviso infarto, il team di emergenza scoprì che aveva una grave coronaropatia. Durante l'intervento chirurgico, i suoi polmoni rivelarono una profonda patina nera in diverse aree, soprattutto vicino ai lobi superiori. Mentre il Dott. London suturava e innestava i vasi per ripristinare il flusso sanguigno, rifletteva su quanto spesso le narrazioni personali contraddicano la realtà biologica. Il paziente guarì, ma l'esperienza trasformò per sempre la sua comprensione degli effetti della marijuana.

Un altro paziente, un professore universitario sulla sessantina, aveva fumato marijuana occasionalmente per decenni, ritenendola sicura perché non ne era mai diventato dipendente né ne aveva fatto un consumo eccessivo. Era sopravvissuto a un complesso intervento di bypass e, in seguito, quando l'équipe chirurgica gli aveva spiegato lo stato dei suoi polmoni, aveva ascoltato con un'immobilità sbalordita. Aveva raccontato di aver fatto parte dei primi movimenti culturali che sostenevano l'uso della marijuana, ritenendola molto più delicata per l'organismo rispetto al tabacco o all'alcol. Le informazioni apprese durante la riabilitazione avevano messo in discussione le sue convinzioni di oltre quarant'anni. Come avrebbe poi detto a bassa voce, avrebbe voluto che gli avessero mostrato i suoi polmoni molto prima.

Storie come queste hanno plasmato la motivazione del Dott. London a parlare in pubblico e a informare gli altri. Il divario tra ciò che vedeva chirurgicamente e ciò che il pubblico credeva si allargava di anno in anno. I social media incoraggiavano l'idea della marijuana come alternativa completamente sicura e le campagne di legalizzazione spesso minimizzavano i rischi legati al fumo. Nel frattempo, i polmoni da lui operati dipingevano un quadro chiaro e coerente: l'esposizione ripetuta al fumo di marijuana lasciava segni fisici, comprometteva la funzionalità e contribuiva a ostruzioni che portavano a eventi cardiaci potenzialmente letali.

Il contrasto tra la percezione culturale e la realtà medica lo turbava profondamente. I chirurghi non perdono tempo a discutere di miti medici durante le operazioni; si concentrano sulla riparazione di ciò che trovano. Ma con il passare degli anni e l'accumularsi dei casi, un senso di urgenza crebbe dentro di lui. Troppe persone si fidavano di un'illusione. Troppe credevano che, poiché la marijuana era naturale, fosse innocua. E troppe rimasero scioccate – a volte fatalmente – quando ne emersero le conseguenze.

Non tutti i fumatori di marijuana subiscono lo stesso grado di danno, ma lo schema era inequivocabile. Nel tempo, il fumo rimodellava i polmoni, rivestendone le superfici, ostruendo le vie respiratorie e contribuendo alla formazione di placche nelle arterie. Questi non erano rischi astratti nascosti dietro le statistiche. Erano realtà fisiche che il Dott. London teneva tra le mani guantate, illuminate dalle lampade chirurgiche, mentre lavorava per salvare vite che avrebbero potuto essere protette molto prima.

I polmoni anneriti che vedeva erano testimonianze silenziose. Dicevano una verità che i dibattiti pubblici raramente riconoscevano. Rivelavano che l'etichetta "biologico" non purifica il fumo dai suoi danni. Mostravano che credere che qualcosa sia sicuro non lo rende tale. E rafforzavano un messaggio fondamentale che sperava i lettori portassero con sé: i polmoni ricordano tutto ciò che viene inalato e, col tempo, rivelano la verità, anche se chi li possedeva non si era mai reso conto che il danno si stava accumulando respiro dopo respiro.

Capitolo 11 – Bronchite cronica, danni alle vie aeree e tosse da marijuana

Il primo segnale che qualcosa non va nei polmoni è raramente drammatico. Di solito non inizia con un collasso delle vie aeree, un'improvvisa mancanza di respiro o una visita improvvisa al pronto soccorso. Più spesso, il primo segnale d'allarme arriva sotto forma di una piccola irritazione: una tosse occasionale che diventa un'abitudine, un po' di catarro che compare ogni mattina, un respiro sibilante che viene liquidato come semplice secchezza o affaticamento. Per anni, il Dott. London aveva osservato come i fumatori di marijuana ignorassero questi primi sintomi, credendo fermamente che fossero innocui o temporanei. Alcuni pazienti insistevano che la loro tosse fosse dovuta all'aria fredda, alle allergie o alla disidratazione. Altri sostenevano che si verificasse solo quando "avevano preso una dose troppo forte". Pochissimi capivano di stare vivendo l'inizio di una bronchite cronica, una condizione che si sviluppa silenziosamente, prendendo forma all'interno dei polmoni molto prima che venga formulata una diagnosi.

Il Dott. London imparò a riconoscere l'inconfondibile suono della tosse da marijuana ancor prima di visitare un paziente. Aveva un ritmo distinto, un tono profondo e rantolante prodotto dal muco che si aggrappava ostinatamente alle vie respiratorie. Molti dei pazienti che entravano nella sua clinica portavano con sé questa tosse senza saperlo. Quando si sedevano e iniziavano a descrivere i loro problemi di salute, spesso sentiva il caratteristico schiarirsi la gola, un tentativo di espellere i residui che sembravano depositarsi nel petto durante la notte. Alcuni la prendevano in giro, definendola "la routine mattutina". Altri la liquidavano con un gesto sprezzante, descrivendola come un piccolo inconveniente. Ma sotto questo atteggiamento disinvolto si nascondevano anni di irritazione, infiammazione e alterazioni cellulari causate dalla ripetuta esposizione al fumo caldo.

Uno dei primi casi che gli è rimasto impresso riguardava una giovane donna di quasi trent'anni di nome Lila, che si presentò alla clinica lamentando stanchezza e mancanza di respiro, pur sostenendo di essere altrimenti in buona salute. Disse di condurre uno stile di vita sano, di fare regolarmente esercizio fisico e di evitare completamente il tabacco. Eppure, mentre parlava, si fermava ripetutamente per tossire, premendosi un fazzoletto sulla bocca con imbarazzo. Quando le fu chiesto da quanto tempo soffrisse di questi sintomi, ammise che la tosse era presente da quasi tre anni. Aveva semplicemente dato per scontato che fosse "normale" per chi fumava marijuana quotidianamente. Credeva, come molti altri, che la tosse facesse parte dell'esperienza, un fastidio piuttosto che un segnale d'allarme.

I test di funzionalità polmonare rivelarono i primi segni di una malattia ostruttiva delle vie aeree. Quando fu eseguita la broncoscopia, la telecamera mostrò vie aeree arrossate e gonfie, punteggiate da striature di muco adesive alle pareti bronchiali. I tessuti apparivano più spessi del dovuto, il rivestimento liscio sostituito da superfici irritate che suggerivano traumi ripetuti. Rimase scioccata nello scoprire di avere i primi sintomi di bronchite cronica a un'età così giovane.

Storie come la sua si ripetevano così spesso che sembravano formare uno schema. La dottoressa London osservava innumerevoli fumatori di marijuana normalizzare i loro sintomi. Tossivano durante gli allenamenti e se la ridevano. Si svegliavano ogni mattina con il petto pieno di muco e presumevano che il loro corpo stesse "eliminando le tossine". Molti credevano che l'irritazione fosse temporanea e transitoria, ignari che ciò che sperimentavano era in realtà un danno strutturale alle vie aeree accumulato nel corso degli anni.

Il calore del fumo ha giocato un ruolo significativo. La marijuana brucia ad alte temperature e il fumo inalato penetra in profondità nei bronchi e nei bronchioli a ogni tiro. A differenza dell'aria fresca e filtrata che i polmoni sono progettati per elaborare, questo fumo caldo e ricco di particolato colpisce le pareti delle vie aeree come carta vetrata ogni volta. L'organismo, nel tentativo di proteggersi, innesca un'infiammazione come misura difensiva. I vasi sanguigni si dilatano, i tessuti si gonfiano e la produzione di muco aumenta drasticamente per intrappolare le particelle estranee prima che possano raggiungere gli alveoli. Ma quando questo ciclo si ripete giorno dopo giorno, il processo protettivo diventa patologico. Le vie aeree si ispessiscono, si sviluppa tessuto cicatriziale e le pareti bronchiali perdono la capacità di espandersi e contrarsi agevolmente. Quello che era iniziato come un meccanismo di difesa si trasforma lentamente in una malattia cronica.

Alcuni pazienti insistevano di non aver mai sentito il fiato corto, ma il Dott. London sapeva che molti semplicemente non riconoscevano i sintomi. Modificavano le loro attività, salivano le scale più lentamente o evitavano esercizi faticosi senza riconoscerne consapevolmente il motivo. Altri interpretavano il respiro sibilante come un rumore innocuo piuttosto che come un segno che l'aria faceva fatica a passare attraverso passaggi ristretti. Alla domanda sulla frequenza con cui tossivano, molti rispondevano con incertezza perché non ricordavano più un momento in cui non lo facevano. Per loro, la tosse era diventata parte della loro identità, intessuta silenziosamente nella loro vita quotidiana.

Un caso in particolare ha illustrato come la negazione possa oscurare la gravità dei sintomi. Un uomo sulla trentina di nome Victor si è presentato per un controllo di routine dopo aver notato una persistente costrizione toracica. Faceva uso di marijuana fin dall'università, rollando diverse canne ogni giorno. Insisteva sul fatto che la sua tosse fosse normale perché "tutti quelli che conosco che fumano hanno la stessa cosa". Mentre parlava, si interrompeva ripetutamente con colpi di tosse che echeggiavano nella sala visita. Quando gli è stato chiesto se producesse muco, ha risposto con nonchalance che sputava nel lavandino ogni mattina, supponendo che fosse una semplice risposta all'aria secca. Ma quando è stato eseguito un esame di diagnostica per immagini, le sue vie aeree mostravano un ispessimento e un'infiammazione compatibili con una bronchite cronica. La sua capacità polmonare era inferiore di quasi il 20% rispetto a quanto previsto per la sua età. La rivelazione lo ha sorpreso, anche se gli indizi erano presenti da anni.

Il Dott. London ha trascorso innumerevoli ore a spiegare ai pazienti che i polmoni non distinguono le fonti di fumo. Reagiscono a ciò che vi entra. Quando vengono ripetutamente esposti ad aria calda e ricca di particelle, i tessuti rispondono con l'infiammazione. Nel tempo, questo porta a un rimodellamento delle vie aeree, un processo in cui i bronchi cambiano forma e spessore. Gli strati muscolari lisci si irrigidiscono, rendendo più difficile ai polmoni espandersi completamente. Le ghiandole mucose si ingrossano, producendo più catarro di quanto il corpo possa facilmente espellere. Ogni inspirazione diventa leggermente meno efficiente. Ogni respiro trasporta un po' meno ossigeno. E ogni anno, la capacità di recupero diminuisce.

Alcuni pazienti si chiedevano se l'uso di un bong, di una pipa o di un vaporizzatore li avrebbe protetti. Credevano che questi strumenti filtrassero le sostanze nocive. Ma la verità rimaneva che il materiale vegetale bruciato, indipendentemente dal metodo di somministrazione, creava gli stessi sottoprodotti irritanti: catrame, monossido di carbonio, ammoniaca, ossidi di azoto e particelle microscopiche che si annidavano in profondità nelle vie respiratorie. La tosse che ne conseguiva era il tentativo dell'organismo di espellere questi intrusi. Ma con il peggiorare dell'infiammazione, la tosse divenne meno efficace e più cronica.

Il Dott. London ha ricordato un paziente che si era distinto per la sua errata convinzione che apparecchiature costose proteggessero i suoi polmoni. Il paziente, uno sviluppatore di software trentaduenne, si descriveva come un "intenditore di varietà pregiate". Aveva investito in vetreria di alta qualità e si vantava di utilizzare solo cannabis "pura e di alta qualità". Era arrivato in clinica perché la sua compagna lo aveva esortato a farsi controllare dopo averlo sentito respirare affannosamente di notte. Aveva ignorato i sintomi, dicendo che il respiro affannoso era "solo dovuto alla potenza della varietà". Durante la visita, aveva mostrato un bisogno quasi costante di schiarirsi la gola e gli esami polmonari avevano rivelato una lieve ostruzione polmonare. Quando gli furono mostrati i risultati, rimase sbalordito, osservando che aveva creduto che "l'erba completamente naturale" non potesse danneggiare i suoi polmoni. Ma le sue vie aeree raccontavano una storia diversa: una di ripetute irritazioni e infiammazioni croniche.

Il Dott. London ha anche incontrato individui che hanno sviluppato ipersensibilità delle vie aeree, una condizione in cui le vie aeree reagiscono intensamente a fattori scatenanti minori come l'aria fredda o lo sforzo fisico. Molti fumatori di marijuana hanno riferito di avvertire costrizione toracica mentre facevano jogging o salivano le scale in una mattina fredda. Alcuni hanno descritto episodi di attacchi di tosse così intensi da sentirsi momentaneamente incapaci di respirare. Questi episodi spesso li spaventavano, ma continuavano a fumare, credendo che l'irritazione fosse temporanea o non correlata. Nel tempo, questi spasmi delle vie aeree potevano peggiorare, soprattutto se associati a bronchite cronica.

Un paziente, un musicista quarantenne, fumava marijuana fin dall'adolescenza. Aveva ignorato i suoi sintomi per decenni, attribuendo la sua tosse persistente al "cantare troppo". Quando si recò in clinica dopo un preoccupante episodio di mancanza di respiro durante un'esibizione, la diagnostica per immagini mostrò un significativo restringimento delle vie aeree. La broncoscopia rivelò pareti bronchiali cronicamente infiammate, ispessite nel tempo. Le ghiandole mucose erano ingrossate e iperattive, creando un flusso persistente di secrezioni che il suo corpo faceva fatica a espellere. Ascoltò in silenzio mentre gli venivano spiegati i risultati. Confessò di aver sempre creduto che la marijuana fosse delicata sui polmoni, senza mai immaginare che potesse causare danni permanenti.

Con il passare degli anni, il Dott. London si abituò a sentire ripetere le stesse ipotesi. Molti pazienti credevano che la marijuana causasse solo irritazione temporanea, non danni a lungo termine. Insistevano sul fatto che fosse più sicura del tabacco perché derivava da una pianta naturale. Credevano che la tosse durante il fumo fosse semplicemente parte del rituale piuttosto che un segno di danni sottostanti. Ma esaminando centinaia di immagini polmonari, esami e reperti chirurgici, notò la crescente evidenza di bronchite cronica nei consumatori abituali. L'infiammazione, l'ispessimento e l'accumulo di muco non scomparivano con il tempo. Si impigliavano nell'architettura polmonare, riducendo il flusso d'aria e peggiorando la qualità della vita.

Nei casi più gravi, i pazienti raggiungevano un punto in cui i loro polmoni non riuscivano più a espellere completamente il muco senza assistenza. Alcuni necessitavano di fisioterapia toracica, broncodilatatori o trattamenti steroidei. Altri facevano fatica a svolgere le attività quotidiane che un tempo erano state facili, con il fiato corto anche per sforzi leggeri. La tosse da marijuana, che un tempo consideravano innocua, si era trasformata in un costante promemoria di danni alle vie aeree.

L'effetto cumulativo della bronchite cronica aumentava anche la vulnerabilità alle infezioni. Quando il muco si accumulava nelle vie aeree, creava un terreno fertile per i batteri. Il Dott. London curava spesso fumatori di marijuana con infezioni bronchiali ricorrenti, e ogni episodio irritava ulteriormente le vie aeree già infiammate. In alcuni casi, questi pazienti sviluppavano la polmonite più facilmente del previsto per la loro età. I loro polmoni, gravati da un'infiammazione cronica, non avevano la resilienza necessaria per affrontare nuove sfide.

Ma forse l'aspetto più sorprendente era la lunga attesa dei pazienti prima di chiedere aiuto. Molti convivevano con i sintomi per anni, razionalizzandoli come parte normale della loro routine del fumo. Credevano che la loro giovinezza li proteggesse. Credevano che "tutti tossiscono quando fumano". Credevano che il fumo di marijuana si comportasse diversamente nei polmoni rispetto al fumo di tabacco. Eppure, ogni giorno, il Dott. London vedeva come queste convinzioni mascherassero la verità.

I polmoni sono organi delicati: strutture morbide e rosa, progettate per il semplice compito di scambiare ossigeno e anidride carbonica. Non sono mai stati concepiti per filtrare fumo caldo, catrame o detriti microscopici. Quando il fumo di marijuana entra, lascia un residuo che l'infiammazione cerca di combattere, ma alla fine non riesce a eliminare. Col tempo, le pareti delle vie aeree si gonfiano, si ispessiscono e si modificano. La tosse che segue non è un effetto collaterale innocuo; è la richiesta di sollievo da parte del corpo.

Il Dott. London desiderava spesso di poter mostrare ai pazienti l'interno delle loro vie aeree come le vede un chirurgo, come le rivela la diagnostica per immagini. Credeva che se avessero potuto osservare i bronchi gonfi, il muco persistente, le cellule irritate e il graduale restringimento dei passaggi, avrebbero potuto comprendere la gravità dei loro sintomi molto prima che la bronchite cronica prendesse piede. Ma la maggior parte dei pazienti affronta la verità solo quando la loro vita quotidiana ne risente in modo evidente: quando salire le scale diventa più difficile, quando gli attacchi di tosse diventano più frequenti o quando il respiro diventa pesante dopo un piccolo sforzo.

Attraverso decenni di pratica clinica, ha imparato che la bronchite cronica nei fumatori di marijuana raramente si manifesta all'improvviso. Piuttosto, si insinua lentamente, accumulandosi nel corso degli anni, nascosta dietro la falsa convinzione che "naturale significhi sicuro". Si annida nei tessuti, rimodellando le vie aeree a ogni inalazione, ogni colpo di tosse, ogni mattina passata a schiarirsi la gola.

E mentre la cultura della marijuana continua a celebrare il rilassamento, la creatività e la calma, i polmoni ne sopportano silenziosamente il peso, rivelando la loro storia attraverso muco, infiammazione e restringimento dei passaggi. Alla fine, ogni colpo di tosse diventa un messaggio, ogni respiro sibilante un avvertimento e ogni respiro un promemoria che i polmoni non possono sfuggire alle conseguenze dell'esposizione ripetuta al fumo, indipendentemente dalla fonte.

Capitolo 12 – Marijuana vs. fumo di tabacco: più simili di quanto pensi

Per anni, l'idea era stata ripetuta in conversazioni informali, durante gli incontri universitari, sui social media e persino nelle sale d'attesa delle cliniche: che il fumo di marijuana fosse in qualche modo più pulito, più delicato e più sicuro del fumo di tabacco. Se ne parlava come se fosse una verità innegabile, tramandata da un consumatore all'altro con la sicurezza del folklore. La gente dichiarava che era "solo una pianta", o che il suo fumo era "naturale", o che non poteva danneggiare i polmoni come le sigarette perché il tabacco conteneva additivi e sostanze chimiche. Eppure, nelle sale operatorie e nei laboratori diagnostici, si svolgeva una storia molto diversa, in cui i polmoni dei fumatori abituali di marijuana apparivano dolorosamente simili a quelli danneggiati da decenni di consumo di tabacco. E da un punto di vista scientifico, la combustione era combustione: una volta bruciata una pianta, il fumo risultante seguiva schemi chimici prevedibili, a cui importava ben poco se la pianta fosse biologica, legale, ricreativa o rituale.

Il paragone tra il fumo di marijuana e quello di tabacco spesso iniziava a livello molecolare, dove qualsiasi materiale vegetale bruciato produceva una miscela di tossine che includeva catrame, sostanze cancerogene, idrocarburi policiclici aromatici, monossido di carbonio e particolato fine. Nella nebbia che si sollevava da uno spinello o da una sigaretta c'erano composti che aderivano al tessuto polmonare, infiammavano le vie respiratorie, irritavano i bronchi e innescavano danni cellulari. Studi avevano ripetutamente dimostrato che il fumo di marijuana conteneva molte delle stesse sostanze nocive presenti nel fumo di tabacco, a volte in concentrazioni persino più elevate a causa della struttura della pianta di cannabis e della temperatura di combustione. Eppure la maggior parte dei consumatori si aggrappava alla convinzione che la marijuana rimanesse in qualche modo esente da questi avvertimenti.

Parte dell'equivoco derivava dallo scopo di ciascuna sostanza. Il tabacco era ampiamente riconosciuto da decenni come dannoso, associato a cancro ai polmoni, malattie cardiache e broncopneumopatia cronica ostruttiva (BPCO) attraverso ricerche schiaccianti e aggressive campagne di salute pubblica. La marijuana, d'altra parte, aveva un'associazione culturale con il rilassamento, la creatività, l'uso medicinale e la giovinezza. Le persone non la vedevano attraverso la lente della dipendenza industriale, ma piuttosto come un'erba naturale. Ma i polmoni non distinguevano l'intento. Ricevevano fumo, calore e particolato allo stesso modo, e le reazioni biochimiche che ne seguivano erano sorprendentemente simili per entrambe le sostanze.

Ad esempio, analizzando la produzione di catrame, la distinzione tra fumo di marijuana e fumo di tabacco è quasi scomparsa. Il catrame, un residuo appiccicoso che si attaccava ostinatamente alle pareti delle vie aeree, si depositava in profondità nei polmoni e innescava gli stessi processi infiammatori, indipendentemente dal fatto che provenisse da cannabis o tabacco. Il catrame fungeva da vettore per le sostanze cancerogene, consentendo loro un contatto prolungato con i delicati tessuti respiratori. Anche i fumatori occasionali di marijuana mostravano un'esposizione al catrame che rispecchiava quella dei fumatori di tabacco che consumavano più sigarette al giorno. E per coloro che fumavano quotidianamente o più volte al giorno, l'accumulo di catrame spesso superava i livelli riscontrati nei fumatori di tabacco che fumavano un pacchetto al giorno.
Un'altra somiglianza trascurata risiedeva nella formazione di idrocarburi policiclici aromatici (IPA), una potente classe di cancerogeni prodotta ogni volta che la materia organica bruciava. Era stato scoperto che il fumo di marijuana conteneva diversi IPA in quantità pari o superiori a quelle del fumo di tabacco, inclusi composti come il benzo[a]pirene, fortemente correlato al cancro ai polmoni e alle malattie cardiovascolari. L'atto della combustione, piuttosto che la pianta stessa, generava queste molecole cancerogene. Indipendentemente dal fatto che qualcuno inalasse il fumo da una foglia di tabacco o da una cima di cannabis, questi sottoprodotti si formavano dallo stesso processo di combustione incompleta.

Una delle differenze più evidenti tra le due tipologie di fumo, tuttavia, non derivava dal contenuto chimico, ma dal modo in cui i consumatori le inalavano. I fumatori di tabacco in genere facevano tiri più brevi e superficiali, e le sigarette bruciavano costantemente anche quando non venivano inalate attivamente. I consumatori di marijuana, al contrario, tendevano a inspirare profondamente, trattenendo il fumo nei polmoni per periodi prolungati nel tentativo di assorbire più THC. Questo comportamento di trattenere il respiro aumentava drasticamente il tempo di contatto tra le tossine e il tessuto polmonare. In alcuni studi osservazionali, i fumatori di marijuana trattenevano il respiro fino a quattro volte più a lungo rispetto ai normali fumatori di sigarette. Questa esposizione prolungata amplificava la quantità di catrame e sostanze cancerogene depositate nell'apparato respiratorio.

L'inalazione più profonda permetteva inoltre al fumo di penetrare nelle vie aeree più piccole, raggiungendo regioni dei polmoni progettate per un delicato scambio gassoso piuttosto che per la difesa dagli agenti irritanti. Queste strutture, gli alveoli, non sono mai state progettate per resistere al calore intenso o al bombardamento di particolato. Quando ripetutamente esposti al fumo di marijuana, iniziavano a perdere elasticità e funzionalità, contribuendo all'intrappolamento dell'aria, alla riduzione della capacità polmonare e a una maggiore suscettibilità alle infezioni respiratorie. Questo quadro di danno rispecchiava la patologia osservata nei fumatori di tabacco di lunga data, nonostante le differenze nella frequenza del fumo.

L'esposizione al monossido di carbonio ha costituito un ulteriore collegamento tra i danni della marijuana e del fumo di tabacco. Il monossido di carbonio si lega all'emoglobina più facilmente dell'ossigeno, riducendo la capacità del sangue di trasportare ossigeno agli organi vitali. I ricercatori hanno scoperto che i fumatori di marijuana mostravano spesso livelli elevati di carbossiemoglobina, persino superiori a quelli osservati nei fumatori di tabacco, a causa delle inalazioni più profonde e prolungate. Per i giovani che si ritenevano immuni allo stress cardiovascolare, questo cambiamento nel trasporto di ossigeno aumentava silenziosamente il rischio di aritmie, ipertensione ed eventi cardiaci.

All'interno delle vie respiratorie, le ciglia – minuscole strutture simili a peli responsabili della rimozione di muco, polvere e agenti patogeni – risultavano compromesse dall'esposizione a entrambi i tipi di fumo. Mentre gli effetti del tabacco erano stati ampiamente studiati, il fumo di marijuana produceva un effetto paralizzante simile, riducendo le difese naturali dei polmoni. Nel tempo, questo ha contribuito a bronchite cronica, tosse persistente, accumulo di muco e infezioni ricorrenti. Molti consumatori abituali di marijuana che liquidavano la tosse come un segno di "erba buona" o di "un forte tiro" stavano in realtà manifestando i primi sintomi di danno alle vie aeree.

I medici avevano incontrato numerosi casi in cui i consumatori di marijuana, convinti di avere i polmoni puliti perché avevano evitato le sigarette, erano rimasti scioccati nello scoprire una significativa infiammazione delle vie aeree, un restringimento o persino una malattia polmonare bollosa, ovvero grandi sacche d'aria formate dalla distruzione del tessuto polmonare. Queste anomalie aumentavano il rischio di pneumotorace spontaneo, una condizione in cui il polmone collassava inaspettatamente, richiedendo spesso un intervento d'urgenza. I chirurghi notavano occasionalmente che queste alterazioni polmonari assomigliavano a quelle riscontrate nei fumatori di sigarette di lunga data, nonostante il paziente non avesse mai toccato tabacco.

Un altro fattore che ha offuscato il confine tra i danni causati dalla marijuana e dal tabacco è stata la pratica comune di mescolare le due sostanze in blunt o spinelli. Anche tra coloro che dichiaravano di evitare il tabacco, la marijuana rollata spesso includeva involucri di foglie di tabacco, esponendo inavvertitamente i consumatori a nicotina e altre tossine. La combinazione amplificava i danni respiratori e introduceva un potenziale di dipendenza, complicando ulteriormente la convinzione che l'uso di marijuana rimanesse più sicuro o più "naturale".

A volte si sosteneva che il fumo di marijuana fosse privo di alcuni additivi presenti nei prodotti del tabacco commerciali, suggerendo un profilo chimico più pulito. Ma la ricerca ha ripetutamente dimostrato che la maggior parte dei composti nocivi presenti nel fumo di tabacco non erano additivi, bensì sottoprodotti della combustione di materiale vegetale. Che si bruciasse una foglia di tabacco non trattata, una cima di cannabis essiccata o qualsiasi altro materiale organico, molti degli stessi agenti cancerogeni e irritanti emergevano dal processo di combustione. Ai polmoni non importava se fosse stato applicato un pesticida o un aroma; il danno fondamentale derivava dall'inalazione di fumo caldo e chimicamente complesso.
Gli utilizzatori spesso trascuravano il pericolo del particolato fine, particelle microscopiche generate in abbondanza sia dal fumo di marijuana che da quello di tabacco. Queste particelle penetravano in profondità nei polmoni, bypassando i meccanismi di difesa iniziali. Una volta depositate nell'apparato respiratorio, innescavano infiammazione e stress ossidativo, processi collegati a una serie di malattie, tra cui asma, BPCO e cancro ai polmoni. Il fumo di marijuana produceva quantità significative di particolato fine e, a causa dei tipici schemi di inalazione e apnea, gli utilizzatori spesso ne trattenevano una quantità maggiore per boccata rispetto ai fumatori di sigarette.

Anche la distinzione psicologica tra marijuana e tabacco ha contribuito a una percezione errata del rischio. Il fumo di tabacco era ampiamente stigmatizzato a causa di decenni di campagne antifumo, mentre la marijuana aveva subito un'ondata di normalizzazione culturale. La sua associazione con il rilassamento, i legami sociali, la creatività e l'uso medicinale dava alle persone un senso di sicurezza, persino di superiorità, rispetto ai fumatori di tabacco. Ma la biologia rimaneva indifferente alle narrazioni culturali. Quando il fumo entrava nei polmoni, si verificavano gli stessi processi, indipendentemente dalla pianta di origine: le cellule venivano irritate, le ciglia erano compromesse e particelle tossiche si depositavano nei tessuti.

Nelle cliniche e nei pronto soccorso, i medici incontravano spesso giovani adulti che arrivavano con disturbi respiratori, credendosi al sicuro da gravi danni perché evitavano le sigarette. La loro sorpresa era spesso palpabile quando le scansioni rivelavano ispessimento delle vie aeree, ostruzioni mucose o primi segni di alterazioni simili all'enfisema. Alcuni esprimevano incredulità quando veniva spiegato loro che il fumo di marijuana aveva contribuito in modo significativo ai loro sintomi. Molti di loro avevano insistito sul fatto che la marijuana "non era affatto come il tabacco", un ritornello ripetuto senza mettere in discussione la base di tale certezza.

L'idea che il fumo di marijuana fosse fondamentalmente diverso dal fumo di tabacco è spesso crollata sotto l'esame scientifico. I ricercatori che analizzavano la composizione chimica di entrambi i tipi di fumo hanno trovato elenchi sovrapposti di composti nocivi: benzene, acetaldeide, ammoniaca, acido cianidrico, ossidi di azoto e composti organici volatili. In alcune analisi, il fumo di marijuana produceva concentrazioni ancora più elevate di ammoniaca, che irritava e danneggiava il tessuto respiratorio. L'assenza di nicotina nella marijuana non eliminava il danno; la nicotina creava dipendenza, ma il danno ai polmoni proveniva dal fumo stesso.

Anche il metodo di fumo contribuiva ad aggravare i danni. Gli spinelli, ad esempio, non avevano filtri, esponendo gli utilizzatori a un fumo non filtrato che rilasciava grandi quantità di catrame e particolato. Dispositivi per fumare come pipe o bong non eliminavano le tossine; mentre la filtrazione ad acqua rimuoveva parte del calore e una piccola frazione di particolato, la maggior parte delle sostanze chimiche nocive passava attraverso. Molti credevano che un fumo più morbido equivalesse a un fumo più sicuro, ma la realtà chimica non supportava questa ipotesi.

Alcuni consumatori sostenevano che il loro uso fosse occasionale o ricreativo, dando per scontato che un'esposizione poco frequente riducesse al minimo il rischio. Tuttavia, la profondità e la durata dell'inalazione implicate nel fumo di marijuana facevano sì che anche un uso occasionale rilasciasse dosi significative di tossine per sessione. A differenza dei fumatori di sigarette che consumavano più piccole esposizioni durante il giorno, i fumatori di marijuana spesso inalavano fumo intensamente concentrato in un periodo di tempo più breve. Questo schema sottoponeva a stress acuto i polmoni e il sistema cardiovascolare e, ripetuto per mesi e anni, contribuiva a danni cumulativi.

Dal punto di vista della salute pubblica, la sfida non consisteva nel demonizzare la marijuana, ma nel presentare una comprensione accurata delle conseguenze fisiologiche del suo fumo. L'obiettivo non era il giudizio morale, ma la chiarezza scientifica: i polmoni erano fragili e il fumo, di qualsiasi tipo, comportava rischi. Le potenziali proprietà medicinali della marijuana non annullavano i pericoli derivanti dall'inalazione dei suoi sottoprodotti della combustione. Comprendere le somiglianze tra marijuana e fumo di tabacco permetteva ai consumatori di prendere decisioni consapevoli, svincolati dal mito secondo cui l'una fosse intrinsecamente innocua semplicemente perché proveniva da una pianta diversa.

Ci sono stati individui che, dopo aver appreso le realtà chimiche, hanno scelto metodi alternativi di consumo di marijuana che evitavano la combustione. Vaporizzazione, prodotti commestibili e tinture offrivano tutti modi per sperimentare gli effetti senza i sottoprodotti nocivi del fumo. Tuttavia, questi metodi comportavano considerazioni specifiche e richiedevano un dosaggio attento e consapevolezza. Ciononostante, hanno dimostrato che la riduzione del danno era possibile quando la disinformazione veniva sostituita dalla comprensione scientifica.

In definitiva, il confronto tra fumo di marijuana e fumo di tabacco ha rivelato una verità a lungo oscurata dagli stereotipi culturali: la risposta dell'organismo al fumo inalato non dipendeva da legalità, tradizione o narrazione sociale. Dipendeva dalla chimica della combustione e dalla vulnerabilità dell'apparato respiratorio. Sia il fumo di marijuana che quello di tabacco contenevano tossine, sostanze cancerogene, irritanti e catrame. Entrambi compromettevano la funzionalità polmonare, aumentavano l'infiammazione e introducevano particolato fine in profondità nei tessuti sensibili. Entrambi comportavano il rischio di danni respiratori e cardiovascolari a lungo termine.

Con l'evolversi della ricerca e la condivisione delle esperienze dei medici nelle sale operatorie e nelle cliniche, il confine tra la sicurezza percepita del fumo di marijuana e i noti pericoli del fumo di tabacco si assottigliò. Le credenze culturali continuarono a evolversi, ma la scienza di base rimase salda: i polmoni riconoscevano il fumo per quello che era, indipendentemente dalla sua fonte. Comprendendo questi parallelismi, i lettori potevano fare scelte consapevoli basate sulla biologia piuttosto che sul mito, riconoscendo che il danno non derivava dalla pianta in sé, ma dall'atto di bruciarla e di iniettarne i sottoprodotti nelle parti più delicate del corpo.

CAPITOLO 13 – DIPENDENZA SOTTO MENTITE SPOGLIE: PERCHÉ LA DIPENDENZA DALLA CANNABIS SPESSO PASSA INOSSERVATA

Per anni, la cannabis è stata presentata come un'abitudine innocua, una via di fuga ricreativa che non portava con sé nessuna delle ombre oscure tipicamente associate alla dipendenza. La gente ripeteva frasi come mantra:*nessuno diventa dipendente dall'erba*,*non è come l'alcol o le sigarette*,*Posso smettere in qualsiasi momento*Queste parole venivano pronunciate con nonchalance nei campus universitari, sussurrate con sicurezza in salotti fumosi e pubblicate pubblicamente sui social media. Venivano pronunciate come se fossero fatti. Eppure, al di sotto di questa certezza culturale si celava una realtà medica molto diversa, spesso nascosta sotto la superficie e raramente riconosciuta dagli stessi consumatori: la dipendenza dalla cannabis esisteva, e stava silenziosamente rimodellando la vita quotidiana di milioni di persone che credevano di avere il pieno controllo.

La dipendenza non si manifestava sempre con sintomi drammatici o comportamenti dirompenti. Si manifestava invece in modo subdolo, attraverso routine, schemi emotivi e il lento rimodellamento della chimica cerebrale che si svolgeva inosservato. La dipendenza da cannabis raramente assomigliava alle forme di dipendenza evidenti e inequivocabili che si osservano in sostanze come gli oppioidi o l'alcol. Si manifestava in modi più silenziosi: l'incapacità di dormire senza, una punta di irritabilità in assenza di una dose notturna, una stretta al petto quando le scorte scarseggiavano o una crescente dipendenza dalla cannabis come unico meccanismo di difesa dallo stress. Questi comportamenti spesso si fondevano con la vita quotidiana così perfettamente che i consumatori non riuscivano a riconoscerli per quello che erano.

Molte persone che consumavano cannabis quotidianamente credevano sinceramente di sceglierla liberamente, ignare che il cervello aveva iniziato a spingerli verso di essa attraverso i primi segnali di astinenza. Irritabilità, irrequietezza e insonnia venivano spesso liquidate come segni di una giornata lunga o di stress non correlato. Un aumento dell'ansia al mattino poteva essere attribuito al lavoro piuttosto che all'assenza di THC nel sangue. Cambiamenti nell'appetito o nell'umore venivano giustificati con giustificazioni superficiali. Eppure, questi sottili cambiamenti erano le impronte digitali della dipendenza fisiologica, uno stato in cui il cervello si adattava ad aspettarsi un apporto regolare dalla cannabis.

Uno dei motivi per cui la dipendenza dalla cannabis è passata inosservata è che il THC agisce gradualmente. A differenza dell'alcol, la cui astinenza produceva sintomi drammatici e talvolta potenzialmente letali, l'astinenza dalla cannabis tendeva a manifestarsi in modo silenzioso, iniziando entro uno o due giorni dalla cessazione e raggiungendo il picco verso la fine della prima settimana. I consumatori spesso descrivevano un disagio persistente, un'irrequietezza che li spingeva a tornare al familiare sollievo del fumo o del vapore. I professionisti medici riconoscevano chiaramente questi sintomi, ma raramente corrispondevano all'immagine preconcetta di "dipendenza" diffusa tra la gente.
Quando il THC entrava nel flusso sanguigno, interagiva con il sistema endocannabinoide, una rete di recettori responsabili della regolazione dell'umore, dell'appetito, del sonno, della motivazione e dell'elaborazione della ricompensa. Nel tempo, l'uso frequente ha spinto il sistema verso un modello di dipendenza esterna, riducendo la produzione naturale di endocannabinoidi nel cervello. Quando i consumatori abituali interrompevano improvvisamente l'uso, il cervello faticava a ritrovare l'equilibrio. L'astinenza che ne risultava era sottile ma reale: sbalzi d'umore, disturbi del sonno, irritabilità, diminuzione dell'appetito e difficoltà di concentrazione. Per molti, l'assenza di cannabis era come se il mondo perdesse il suo colore, diventando più acuto, più stressante e meno gestibile.

Spesso le persone descrivevano la cannabis come qualcosa che le faceva "sentire normali", ignare che questa sensazione fosse un campanello d'allarme: non un segno di un uso innocuo, ma di dipendenza. Quando una sostanza diventava necessaria per il normale funzionamento, si era già profondamente radicata nei sistemi di ricompensa e regolazione. I consumatori che affermavano di poterne fare a meno spesso si ritrovavano a evitare l'esperimento, forse inconsciamente consapevoli del disagio che ne sarebbe seguito.

Uno dei segnali più evidenti di dipendenza emergeva quando gli individui cercavano di ridurre il consumo. Si ritrovavano a fumare più del previsto, a negoziare con se stessi sui limiti o a giustificare un altro spinello con affermazioni formulate in forma passiva come:*si pensava che un'articolazione in più avrebbe aiutato a dormire*, O *si diceva che avrebbe calmato i nervi*Questi dialoghi interiori hanno rivelato una sottile perdita di capacità di azione, in cui ciò che sembrava una scelta si era gradualmente trasformato in una costrizione.

La dipendenza dalla cannabis si formava spesso nel corso di mesi o anni, plasmando silenziosamente la routine quotidiana. I consumatori iniziarono a strutturare le proprie giornate attorno al fumo: aspettando il momento del ritorno a casa dal lavoro, prendendosi delle pause durante le attività stressanti o usandolo come principale mezzo per rilassarsi. Ben presto, le esperienze che un tempo procuravano gioia – esercizio fisico, socializzazione, hobby – divennero noiose senza il THC che le potenziava. Il cervello imparò gradualmente ad associare piacere, rilassamento e sollievo solo alla cannabis, recidendo i legami naturali con le attività che un tempo fornivano quelle sensazioni in modo organico.

Questo cambiamento nell'elaborazione della ricompensa veniva raramente riconosciuto dai consumatori. Si consideravano adulti funzionali che semplicemente si godevano una pianta innocua. Eppure, col tempo, la cannabis divenne una parte centrale della loro identità, qualcosa che difendevano strenuamente, integrandola nei rituali sociali, nelle routine personali e nei meccanismi di difesa emotiva. Questa forma di dipendenza psicologica era spesso più forte dell'aspetto fisiologico e altrettanto difficile da interrompere.

I resoconti clinici anonimizzati hanno rivelato ripetutamente questo schema. I pazienti si sono presentati affermando di non avere problemi con la cannabis, nonostante la usassero quotidianamente da anni. Alla domanda se avessero mai provato a smettere, le loro risposte riflettevano spesso una lieve astinenza. Alcuni hanno descritto che il sonno diventava impossibile, costringendoli a ricorrere nuovamente alla cannabis entro la terza o quarta notte. Altri hanno ammesso che le discussioni con i familiari si intensificavano quando cercavano di ridurre il consumo. Molti hanno confessato che la mattina sembravano insopportabili finché non riprendevano a farne uso la sera. Questi erano i segnali della dipendenza: silenziosi, familiari e facili da ignorare finché qualcuno non li segnalava.

Un uomo di 27 anni era stato descritto come qualcuno che liquidava i sintomi dell'astinenza come "normale stress". Eppure, quando smise di usare cannabis per una settimana a causa di un viaggio, si ritrovò a camminare avanti e indietro di notte, a inveire contro i colleghi, a non riuscire a mangiare e a rimanere sveglio fino all'alba. Aveva dato per scontato che l'ambiente non familiare gli avesse causato disagio, ma i sintomi rispecchiavano quelli tipici dell'astinenza da cannabis. Un'altra paziente, una donna di 34 anni, scoprì che il suo rituale di "una sola canna a notte" si era lentamente evoluto nel bisogno di cannabis per addormentarsi. Quando tentò di smettere, la sua insonnia divenne così profonda che tornò a usarla dopo sole tre notti. Insistette dicendo che dimostrava che la cannabis la aiutava a dormire; i medici le spiegarono con delicatezza che dimostrava davvero che aveva sviluppato una dipendenza.

La dipendenza psicologica divenne ancora più insidiosa perché la cannabis era stata a lungo descritta come non assuefacente. I consumatori raramente riconoscevano il desiderio per quello che era. Spiegavano il loro desiderio di cannabis come il desiderio di "rilassarsi", "concentrarsi" o "sentirsi normali", ignari che queste giustificazioni mascherassero un uso compulsivo. Il desiderio non si manifestava sempre come un intenso bisogno fisico: spesso si manifestava come pensieri persistenti, disagio emotivo o la sensazione che la giornata fosse incompleta senza fumare.
Comprendere questa dinamica richiedeva riconoscere che la dipendenza esisteva a spettro. Non tutti i consumatori di cannabis sviluppavano dipendenza, ma l'uso frequente ne aumentava notevolmente il rischio. I giovani adulti erano particolarmente vulnerabili a causa dello sviluppo di percorsi neurali che si adattavano rapidamente a stimoli ripetuti. Per loro, la dipendenza poteva formarsi più rapidamente e radicarsi più profondamente, soprattutto quando la cannabis veniva utilizzata per gestire sfide emotive o stress. Nel tempo, la cannabis ha plasmato le loro risposte emotive, facendo sì che l'assenza di THC venisse percepita come uno squilibrio o un disagio.

Uno dei pericoli a lungo termine della dipendenza inosservata era l'esposizione prolungata al fumo di cannabis e al THC, che comportava una serie di rischi per la salute descritti in altri capitoli. Più i consumatori diventavano dipendenti, più frequentemente e intensamente fumavano. Questa maggiore esposizione a tossine, catrame, calore e particelle combuste metteva a dura prova i sistemi respiratorio e cardiovascolare. La dipendenza raramente esisteva isolatamente; si intrecciava con le conseguenze fisiche dell'inalazione quotidiana di fumo. L'errata convinzione che la cannabis fosse innocua portava i consumatori a sottovalutare il danno cumulativo che stavano infliggendo a polmoni, cuore e vasi sanguigni.

Poiché la cannabis era socialmente accettata e sempre più legalizzata in molte regioni, le persone si convinsero che la dipendenza non riguardasse loro. Vedevano la cannabis come un'alternativa a sostanze più pesanti, un rilassante naturale o un innocuo strumento ricreativo. Questa normalizzazione rese ancora più difficile per i consumatori riconoscere quando la dipendenza si era trasformata in necessità. Il cambiamento fu graduale: quella che un tempo era un'abitudine del fine settimana si trasformò in una routine serale, poi in più sedute al giorno. Spesso i consumatori arrivavano a questa consapevolezza solo quando costretti dalle circostanze: esaurimento delle scorte, viaggi o restrizioni legali o finanziarie. In quei momenti inaspettati di astinenza, l'astinenza si manifestava in modo netto e inequivocabile.

In molte famiglie, la dipendenza è diventata una fonte silenziosa di tensione. I partner notavano sbalzi d'umore quando la cannabis non era disponibile o osservavano che i piani sociali erano organizzati attorno al fumo. I familiari a volte esprimevano preoccupazione, ma venivano liquidati con affermazioni come:*si diceva che fumare erba fosse innocuo* O *si insisteva sul fatto che smettere fosse facile*Queste rassicurazioni raramente corrispondevano alla realtà.

La dipendenza influiva anche sulla produttività in modo sottile. I consumatori spesso credevano che la cannabis aumentasse la creatività o la concentrazione, ignari del fatto che l'uso prolungato compromettesse spesso la motivazione e le funzioni esecutive. I compiti venivano ritardati, le responsabilità rimandate e i periodi di apatia si allungavano. I consumatori attribuivano questi cambiamenti a circostanze esterne, ignorando l'influenza silenziosa del THC sui percorsi cognitivi.

Le persone dipendenti dalla cannabis spesso difendevano con veemenza il loro uso. Sostenevano che riducesse l'ansia, ma in molti casi la loro ansia di base era stata aumentata dall'uso cronico stesso. Dicevano che li aiutava a dormire, senza rendersi conto che i loro ritmi naturali del sonno erano stati interrotti dall'esposizione prolungata al THC. Insistevano sul fatto che li mantenesse calmi, ignari del fatto che la loro irritabilità senza cannabis fosse un sintomo di astinenza, non un tratto della personalità. Tali interpretazioni errate permettevano alla dipendenza di mascherarsi da beneficio terapeutico, rafforzando il circolo vizioso.

Nonostante la natura subdola della dipendenza dalla cannabis, uscirne era possibile. Il primo passo è stato il riconoscimento: riconoscere che i sintomi di astinenza, il desiderio e l'uso compulsivo indicavano un cambiamento fisiologico e psicologico. Una volta compreso che la dipendenza aveva preso piede, le persone potevano iniziare a esplorare meccanismi di adattamento più sani, strategie di riduzione graduale e sistemi di supporto. Per molti, il processo ha comportato reimparare a dormire, gestire lo stress e provare piacere senza fare affidamento sul THC.
Per comprendere la dipendenza dalla cannabis è stato necessario abbandonare vecchi miti. La dipendenza non doveva necessariamente comportare un crollo drammatico o una distruzione; poteva esistere silenziosamente nelle abitudini quotidiane. Prendeva forma nelle routine, nella dipendenza emotiva e nell'adattamento del cervello all'esposizione regolare al THC. Modificava i ritmi del sonno, la stabilità dell'umore, l'acutezza cognitiva e le risposte allo stress. Si mascherava da preferenza, da rilassamento, da innocua routine.

In definitiva, la dipendenza non era un segno di debolezza: era una risposta biologica, plasmata dalla chimica e dalla naturale inclinazione del cervello ad adattarsi. Ma riconoscerla permetteva agli individui di riprendere il controllo, prendere decisioni consapevoli e affrontare il consumo di cannabis con consapevolezza piuttosto che con supposizioni. La verità non era che la cannabis fosse particolarmente pericolosa, ma che credere che non comportasse alcun rischio rendeva i consumatori ciechi ai cambiamenti che avvenivano nella loro mente e nel loro corpo. La maschera svanì solo quando le persone capirono che la dipendenza poteva essere silenziosa, sottile e profondamente radicata nel tessuto della loro vita quotidiana, eppure ancora reale, ancora potente e ancora meritevole di attenzione.

Capitolo 14 – Il ciclo quotidiano del fumatore: come l'uso regolare amplifica i rischi per la salute

L'uso quotidiano di marijuana seguiva un ritmo prevedibile, rituale e quasi invisibile alla persona che lo viveva. Il ciclo iniziava spesso con il pensiero comune che un altro giorno di fumo non avrebbe fatto la differenza, che l'uso abituale fosse semplicemente un'abitudine innocua. Eppure, per molti, questa ripetizione rimodellava gradualmente la loro fisiologia, il loro comportamento e la loro chimica interna in modi che non avrebbero mai immaginato. Quella che sembrava una confortante routine quotidiana amplificava silenziosamente i rischi per la salute descritti nei capitoli precedenti, trasformando l'esposizione occasionale in stress cronico per polmoni, cuore e vasi sanguigni.

Il ciclo di solito iniziava in modo innocuo. Una persona poteva fumare occasionalmente con gli amici nei fine settimana o usare cannabis per rilassarsi dopo il lavoro. Credevano che l'uso occasionale li ponesse al riparo da qualsiasi pericolo reale e, a quei tempi, l'organismo tollerava il fumo e il THC senza conseguenze drammatiche. Ma la cannabis moderna si era evoluta, allontanandosi molto dalla pianta leggera e poco potente dei decenni precedenti. La marijuana disponibile oggi conteneva concentrazioni di THC molto più elevate di qualsiasi cosa esistesse venti o trent'anni prima. Estratti, concentrati, dab e fiori ad alta potenza erano diventati la norma. Gli utilizzatori spesso consumavano questi prodotti senza rendersi conto dello sforzo che stavano mettendo a dura prova il loro sistema cardiovascolare e respiratorio. E con l'aumentare della potenza, aumentava anche la probabilità di un uso quotidiano.

Il ciclo quotidiano del fumatore si sviluppava tipicamente in fasi. Quello che era iniziato come un uso occasionale si trasformava rapidamente in un rituale notturno, spesso giustificato con affermazioni in forma passiva come*si pensava che fumare aiutasse a rilassarsi* O *si diceva che rilassasse la mente prima di dormire*L'utente si è abituato alla routine senza accorgersi di come il THC iniziasse lentamente a dettare la struttura della serata. Col tempo, quel rituale notturno si è ampliato: una canna è diventata due, oppure è stato acquistato un vaporizzatore a penna più potente per compensare la maggiore tolleranza. Alla fine, l'utente si è ritrovato a fumare tutto il giorno – mattina, mezzogiorno, sera – e il ciclo si è autoperpetuato.

Il potere della routine amplificava i rischi per la salute perché il corpo non aveva più il tempo di riprendersi. L'esposizione quotidiana significava irritazione quotidiana dei tessuti polmonari, aumento quotidiano della frequenza cardiaca, vasocostrizione quotidiana, stress ossidativo quotidiano e soppressione quotidiana della naturale regolazione cardiovascolare. La cronicità trasformava quello che avrebbe potuto essere un danno isolato in un danno cumulativo.

Uno dei motivi principali per cui l'uso quotidiano causava maggiori danni era che il mercato moderno della cannabis aveva portato la potenza del THC a livelli senza precedenti. I dispensari vendevano spesso fiori contenenti il 20-30% di THC, mentre i concentrati variavano dal 60% a oltre il 90%. Questi livelli alteravano drasticamente la quantità di fumo inalato e il comportamento del consumatore. Quando la cannabis era più debole, le persone ne consumavano quantità modeste. Quando diventava più forte, l'organismo si adattava più rapidamente, sviluppando più rapidamente la tolleranza e spingendo il consumatore a consumare quantità maggiori per ottenere lo stesso effetto.

Gli utilizzatori abituali spesso si ritrovavano a inalare il fumo più profondamente e a trattenerlo più a lungo, credendo che ciò migliorasse l'esperienza. In realtà, trattenere il fumo nei polmoni permetteva semplicemente a una maggiore quantità di catrame, particolato e tossine di depositarsi sulle delicate superfici alveolari. L'inalazione più profonda spingeva le sostanze chimiche nocive negli angoli più remoti del tessuto polmonare, dove i meccanismi di eliminazione erano più deboli. Ripetere questa operazione più volte al giorno accelerava il deterioramento respiratorio.

Chirurghi e pneumologi hanno osservato ripetutamente gli effetti dell'uso quotidiano. Hanno descritto polmoni ricoperti da uno spesso strato di catrame nero, bronchi infiammati e ristretti e rivestimenti delle vie aeree irritati dalla costante esposizione ai fumi caldi. Questi risultati non erano anomalie rare: riflettevano la realtà affrontata dai fumatori abituali di cannabis. I moderni dispositivi per fumare ad alta temperatura, come le pipe di vetro e i dab rig, iniettavano un calore ancora più intenso nella gola e nei polmoni, danneggiando le cellule epiteliali e riducendo la capacità dei polmoni di autoproteggersi. L'esposizione ripetuta lasciava le vie aeree ipersensibili, gonfie e soggette a bronchite cronica.

Il sistema cardiovascolare era sottoposto a pari stress. Il THC innescava aumenti della frequenza cardiaca e del fabbisogno di ossigeno, alterava il tono dei vasi sanguigni e interferiva con la regolazione autonomica. Per i consumatori occasionali, questi cambiamenti erano temporanei. Per i fumatori abituali, il cuore subiva ripetuti picchi di stress, simili a quelli di chi corre più volte al giorno senza sosta. Col tempo, le pareti dei vasi iniziarono a irrigidirsi e il loro rivestimento endoteliale si deteriorò. Il flusso sanguigno regolare cedette il passo alla turbolenza. L'infiammazione aumentò silenziosamente, creando gradualmente le basi per la formazione di placche e ostruzione vascolare. Niente di tutto ciò causava sintomi immediati. Il consumatore si sentiva spesso in salute, persino convinto di trarre beneficio dal sollievo dallo stress. Eppure, sotto la superficie, il danno si accumulava centimetro dopo centimetro.

L'uso quotidiano amplificava anche i rischi a causa del modo in cui il THC influenzava il metabolismo. L'organismo immagazzinava il THC nelle cellule adipose, rilasciandolo gradualmente nel tempo. Con l'uso quotidiano, il THC non veniva mai completamente eliminato. Il consumatore si trovava in uno stato pressoché costante di lieve intossicazione, anche quando si sentiva sobrio. Questa presenza persistente alterava il funzionamento di base del sistema cardiovascolare, influenzando il ritmo cardiaco, la pressione sanguigna e l'integrità dei vasi. Nel corso di mesi e anni, questi sottili cambiamenti si sono sommati in un rischio significativo.

Il ciclo giornaliero del fumatore influenzava anche il modo in cui le persone inalavano. Molti fumatori abituali usavano la marijuana come principale metodo di rilassamento, il che li incoraggiava a fare inalazioni più lunghe e complete per massimizzare la sensazione. Queste abitudini inalatorie producevano più fumo per respiro rispetto ai consumatori occasionali o ricreativi. A ogni inalazione più profonda, più agenti cancerogeni, catrame, metalli pesanti e particolato fine entravano nei polmoni. Queste particelle si annidavano in profondità negli alveoli, dove i macrofagi faticavano a rimuoverle efficacemente. Nel tempo, questi depositi irrigidivano il tessuto polmonare, ne riducevano l'elasticità e compromettevano lo scambio di ossigeno.

L'ingannevolezza della routine quotidiana del fumatore era parte di ciò che la rendeva pericolosa. I consumatori spesso liquidavano la tosse come normale, il catarro come irrilevante e la mancanza di respiro come temporanea. Attribuivano questi sintomi al clima, alle allergie o alla stanchezza, piuttosto che riconoscere l'esposizione quotidiana al fumo. Si affermava con nonchalance che "tutti tossiscono un po' al mattino", sebbene questa tosse fosse un chiaro segno di infiammazione delle vie aeree. La tosse cronica indicava che i bronchi erano gonfi a causa dell'irritazione, spingendo il muco attraverso i passaggi ristretti e costringendo i polmoni a compensare il continuo attacco.

Anche la percezione che la marijuana fosse "naturale" o "biologica" contribuiva al circolo vizioso. Molti fumatori abituali credevano di evitare le tossine presenti nel tabacco lavorato. Ciò di cui non si rendevano conto era che bruciare qualsiasi sostanza vegetale produceva sostanze chimiche nocive. I fumatori abituali si esponevano ripetutamente a queste tossine, inalando particelle combuste che i polmoni non erano progettati per filtrare. Il fumo "naturale" conteneva comunque sostanze cancerogene, irritanti e idrocarburi, che si accumulavano con l'uso ripetuto.

Questa esposizione quotidiana amplificava anche la dipendenza psicologica. Poiché il consumatore non manifestava sintomi di astinenza drammatici, credeva di avere il controllo. Eppure, il corpo si era silenziosamente adattato ad aspettarsi il THC regolarmente. La ripetizione quotidiana rafforzava i percorsi neurali che associavano il fumo a sollievo, comfort e stabilità. Questi percorsi rafforzati rendevano l'abitudine più difficile da abbandonare, portando a periodi di utilizzo più lunghi e quindi a una maggiore esposizione alle tossine del fumo nel corso della vita. Molti individui sottovalutavano il potere di questo rinforzo psicologico. Credevano che fumare quotidianamente fosse semplicemente una preferenza, ignari del fatto che il cervello aveva iniziato a fare affidamento sulla fornitura costante di cannabinoidi.

La moderna cultura della cannabis incoraggiava anche l'uso quotidiano. Prodotti ad alta potenza venivano commercializzati come premium e la normalizzazione della marijuana negli spazi sociali faceva apparire il consumo frequente innocuo. I consumatori spesso si circondavano di coetanei che fumavano regolarmente, creando un ambiente in cui l'uso quotidiano sembrava normale. Questa normalizzazione oscurava i crescenti rischi, consentendo al ciclo di continuare senza ostacoli.

Alcuni fumatori abituali sono passati dal fumare fiori al consumo di prodotti più forti come dab o oli concentrati. Questi metodi rilasciavano enormi quantità di THC in una singola inalazione, amplificando drasticamente lo stress cardiovascolare. La frequenza cardiaca poteva aumentare in pochi secondi, la pressione sanguigna oscillava bruscamente e i vasi si contraevano improvvisamente. Eseguire regolarmente queste inalazioni portava il cuore a ritmi instabili e riduceva la resilienza vascolare nel tempo.

Le conseguenze respiratorie si aggravarono con l'uso quotidiano. I polmoni, che un tempo erano in grado di espellere il fumo occasionale, furono sopraffatti dall'enorme volume di tossine depositate ogni giorno. Le ciglia – minuscole peluria responsabili della rimozione dei detriti dalle vie respiratorie – si danneggiarono e divennero meno efficaci. Senza di esse, i polmoni faticarono a espellere catrame e particolato. La produzione di muco aumentò in risposta, portando a secrezioni più dense che ostruivano le vie respiratorie e riducevano il flusso d'aria. Alcuni fumatori abituali svilupparono infine bronchite cronica, una condizione caratterizzata da tosse persistente e accumulo di muco che durava mesi o addirittura anni. Questa condizione rendeva la respirazione più affannosa e aumentava la suscettibilità alle infezioni respiratorie.

Fumare quotidianamente ha avuto conseguenze inaspettate anche sul sistema immunitario. Il fumo sopprimeva le cellule immunitarie nei polmoni, rendendo più difficile per l'organismo combattere i patogeni. I fumatori abituali riferivano spesso di essere più inclini a raffreddori, sinusiti e altre malattie respiratorie, ma raramente collegavano questi problemi all'uso di cannabis. Piuttosto, attribuivano i sintomi a fattori esterni o semplicemente li accettavano come parte della vita.

Per molti individui, il ciclo giornaliero di fumo durava anni prima che si manifestassero sintomi significativi. E anche quando i sintomi si manifestavano, venivano spesso liquidati come gestibili o non correlati alla cannabis. La mancanza di respiro veniva attribuita all'invecchiamento. Il fastidio al petto veniva attribuito allo stress. La mancanza di sonno veniva considerata una conseguenza di uno stile di vita frenetico. Queste interpretazioni errate permettevano al danno di protrarsi senza controllo.

I professionisti medici incontravano spesso fumatori abituali che credevano di non correre rischi per la salute. La loro negazione non derivava dall'ignoranza, ma dalla natura subdola del danno cronico. Si sentivano bene, quindi davano per scontato di stare bene. Eppure, quando questi individui si presentavano con problemi cardiovascolari, malattie delle vie respiratorie o complicazioni chirurgiche inaspettate, i segni del danno accumulato diventavano inequivocabili. I chirurghi descrivevano arterie più spesse e fragili nei fumatori abituali, polmoni ricoperti di catrame appiccicoso e vasi che reagivano in modo imprevedibile durante le procedure. Queste complicazioni non erano isolate: riflettevano l'impatto cumulativo dell'inalazione quotidiana di materiale combusto.

In definitiva, ciò che rendeva l'uso quotidiano di marijuana particolarmente pericoloso era l'illusione di innocuità. Poiché gli effetti si manifestavano gradualmente e silenziosamente, i consumatori abituali non percepivano i rischi che si accumulavano nel loro corpo. Non avvertivano lo sviluppo della disfunzione endoteliale, la formazione di placche, il restringimento del flusso d'aria o la morte delle ciglia. Credevano di gestire lo stress, aumentare la creatività o favorire il sonno. Eppure, a ogni inalazione, il costo fisiologico aumentava.

Comprendere il ciclo giornaliero del fumatore ha rivelato una verità spesso trascurata nei dibattiti culturali: la frequenza contava. La potenza contava. Il metodo di inalazione contava. Quando questi fattori si combinavano, i rischi crescevano esponenzialmente. I fumatori giornalieri si esponevano a sforzi cardiovascolari prolungati, irritazione respiratoria cronica e danni vascolari a lungo termine che pochi riconoscevano fino a quando non diventavano inevitabili.

Il ciclo quotidiano non era una semplice routine: era un'esposizione continua a fumo intenso, alti livelli di THC e fattori di stress fisiologici che rimodellavano il corpo nel tempo. Riconoscere questo schema offriva agli individui l'opportunità di rivalutare le proprie abitudini e comprendere che la silenziosa costanza dell'uso quotidiano aveva conseguenze molto più gravi di quanto pensassero.

Capitolo 15 – Collegamenti con la salute mentale: ansia, depressione e stress cardiaco

Il rapporto tra mente e cuore era sempre stato più intimo di quanto la maggior parte delle persone pensasse, e nel contesto dell'uso di marijuana, il Dott. London aveva spesso affermato che si trattava di un legame che troppi sottovalutavano fino a quando non era troppo tardi. L'aveva visto dispiegarsi silenziosamente, a volte in modo invisibile, mentre ascoltava le storie dei pazienti o esaminava cartelle cliniche che alludevano a un caos interiore molto prima che il corpo mostrasse segni di collasso. Si rifletteva in frasi mormorate dai familiari nelle sale d'attesa, come"*Ultimamente era ansioso*" O "*Ha detto che il suo cuore accelerava dopo aver fumato, ma pensava che fosse normale.*"Si trattava di piccoli frammenti di verità che dipingevano un quadro più ampio di come il THC interagisse con il sistema nervoso e, attraverso di esso, esercitasse un sorprendente carico sul sistema cardiovascolare.

La marijuana veniva spesso presentata come una sostanza rilassante, qualcosa a cui ricorrere per alleviare lo stress o rilassarsi dopo una lunga giornata, ma la realtà da lui osservata era più complessa. In molti individui, soprattutto in coloro che ne facevano uso quotidiano, il THC tendeva a spingere la mente nella direzione opposta. Invece di calma, induceva picchi di paura, momenti di panico irrazionale, improvvise sensazioni di sventura e ondate di paranoia. La prima volta che qualcuno sperimentava questo, spesso lo liquidava come una giornata negativa o lo attribuiva a una varietà più forte del previsto. Eppure, al di sotto di questi episodi psicologici, si manifestava silenziosamente qualcos'altro: il cuore rispondeva rapidamente, con forza, quasi disperatamente, come se il corpo improvvisamente credesse di stare fuggendo da un pericolo.

Questa risposta fisiologica era stata spiegata innumerevoli volte nella letteratura medica, ma diventava molto più allarmante quando veniva osservata su persone reali. Un aumento della frequenza cardiaca – a volte raddoppiando nel giro di pochi minuti dall'inalazione – era solo l'inizio. La pressione sanguigna aumentava bruscamente, i vasi sanguigni in tutto il corpo si contraevano, gli ormoni dello stress come l'adrenalina aumentavano vertiginosamente e, per coloro che presentavano già lievi vulnerabilità latenti, la combinazione poteva essere pericolosa. Il Dott. London ricordava una giovane donna sulla ventina che era stata indirizzata da lui dopo diverse visite al pronto soccorso per "attacchi di panico". In ogni episodio, aveva riferito dolore al petto, palpitazioni e intorpidimento alle braccia. Aveva dato per scontato, come molti, che qualcosa di emotivo stesse scatenando la sua sofferenza. Ma quando le furono esaminati gli esami, divenne chiaro che il suo cuore stava rispondendo a improvvisi picchi di attività del sistema nervoso simpatico, direttamente collegati alla marijuana che aveva fumato due volte al giorno.

Il suo caso non era unico. Molti consumatori scoprirono che la marijuana intensificava le loro esperienze emotive anziché attenuarle. Per alcuni, si creava un circolo vizioso in cui la usavano per calmarsi dallo stress, ma poi ne subivano uno stress ancora maggiore. Questa oscillazione tra sollievo e disagio gravava su un duplice aspetto: uno sulla salute mentale, l'altro sul sistema cardiovascolare. La Dott.ssa London cercava spesso di spiegare che gli stress cronici, anche quelli indotti artificialmente dalle sostanze, costringevano il cuore a comportarsi come se il pericolo fosse sempre vicino, e nessun organo poteva mantenere tale ipervigilanza senza conseguenze.

Anche la depressione ha trovato il suo posto in questa conversazione. Un numero considerevole di consumatori giornalieri di marijuana ha riferito appiattimento emotivo, mancanza di motivazione, lunghi periodi di cattivo umore o incapacità di provare gioia senza fumare. Col tempo, questa dipendenza emotiva è diventata un peso sottile che gravava sulla loro vita quotidiana. Da un punto di vista fisiologico, la depressione alterava il ritmo cardiaco, aumentava l'infiammazione, disturbava il sonno e contribuiva a squilibri ormonali, tutti fattori che aumentavano anche il rischio cardiovascolare. La combinazione degli effetti del THC con queste difficoltà emotive creava quello che il Dott. London ha descritto come un "carico di stress" invisibile, qualcosa di pesante ma difficile da notare per i pazienti fino alla comparsa dei sintomi fisici.

C'erano momenti in cui i pazienti si sedevano nel suo studio e descrivevano quelli che ritenevano episodi innocui: periodi in cui il cuore sembrava palpitare nel petto, battiti saltati che li spaventavano di notte o improvvisi sussulti di paura che li svegliavano senza motivo. Ascoltava attentamente, riconoscendo in questi segnali una risposta iperattiva allo stress. Molti non sapevano che la marijuana potesse scatenare aritmie o esacerbare quelle esistenti. Quando inalavano il THC, i circuiti cerebrali della paura si attivavano più intensamente del previsto e, mentre la mente sprofondava nella preoccupazione, il cuore accelerava per adattarsi alla minaccia percepita. Panico e palpitazioni cardiache spesso si presentavano insieme, alimentandosi a vicenda in un circolo vizioso che lasciava il consumatore scosso, confuso e più dipendente dalla sostanza per trovare sollievo.

Ancora più preoccupanti erano i consumatori abituali che mostravano segni di instabilità emotiva, liquidandoli però come cambiamenti di personalità o stress lavorativo. Non si rendevano conto che l'esposizione costante al THC alterava il comportamento dei neurotrasmettitori. I recettori con cui interagiva la droga erano profondamente interconnessi con i sistemi che controllavano l'umore, la memoria e la regolazione emotiva. Nel tempo, questi cambiamenti potevano contribuire a disturbi d'ansia, episodi depressivi e irritabilità cronica. Il corpo reagiva a questi cambiamenti emotivi con la stessa intensità della mente. Il cuore, percependo il disagio emotivo, rispondeva con picchi di pressione sanguigna, ritmi irregolari e aumento della richiesta di ossigeno.

C'era un uomo sulla trentina la cui storia era rimasta impressa al Dott. London per anni. Faceva uso massiccio di marijuana fin dai vent'anni, convinto che lo mantenesse "in equilibrio". Arrivò in ospedale dopo essere collassato a casa con un intenso dolore al petto. Sebbene alla fine si fosse ripreso dall'evento cardiaco, ciò che colpì maggiormente il Dott. London fu la fragilità emotiva dimostrata dall'uomo. La sua ansia era aumentata vertiginosamente nel corso degli anni e, durante la valutazione medica, divenne chiaro che il suo cuore era stato sotto sforzo ben prima del collasso. L'ansia cronica aveva spinto il suo sistema cardiovascolare in uno stato di allerta elevato per anni e ogni volta che usava marijuana per alleviare quell'ansia, il THC aveva amplificato lo stress fisiologico anziché ridurlo.

Un'altra paziente, una giovane studentessa universitaria, ha descritto episodi in cui provava un'opprimente sensazione di terrore pochi minuti dopo aver fumato. Il suo cuore batteva all'impazzata, la vista si offuscava e, per alcuni secondi, aveva creduto che stesse per accadere qualcosa di catastrofico. Aveva pensato che questi episodi fossero psicologici, estranei alla sua salute fisica, ma quando monitorati in un contesto clinico, il suo ritmo cardiaco mostrava picchi pericolosi. Il THC aveva innescato una risposta di panico che aveva spinto il suo sistema cardiovascolare sull'orlo del baratro.

L'interazione tra salute mentale e fisica non era solo teorica. Era osservata quotidianamente nei pronto soccorso, dove i pazienti arrivavano tremanti, con il fiato corto, il cuore che batteva forte e i sensi disorientati. Molti credevano di stare morendo. Altri credevano di perdere il contatto con la realtà. Il personale medico registrava spesso battiti cardiaci elevati, picchi di pressione sanguigna e ritmi irregolari, tutti insorti entro pochi minuti dall'uso di marijuana. Per chi soffriva di patologie cardiache preesistenti, anche lievi, questi picchi fisiologici potevano essere il catalizzatore di gravi complicazioni.
Il Dott. London spiegava spesso che l'ansia creava una tempesta ormonale all'interno del corpo. Cortisolo e adrenalina aumentavano vertiginosamente, restringendo i vasi sanguigni e costringendo il cuore a lavorare di più. Quando la marijuana intensificava l'ansia anziché sopprimerla, i consumatori, inconsapevolmente, sottoponevano il loro sistema cardiovascolare a ripetuti e inutili stress. Nel tempo, questo contribuiva a infiammazione, formazione di placche e vulnerabilità a eventi acuti come infarto o aritmia.
Il circolo vizioso tra stress emotivo e tensione fisica era potente. Chi provava ansia dopo aver fumato notava il battito cardiaco accelerato, e la paura innescata da quella sensazione lo faceva accelerare ancora di più. Questo ciclo poteva continuare per minuti o ore e, per chi era predisposto a problemi cardiaci, creava un ambiente pericoloso all'interno dell'organismo. Il Dott. London aveva osservato individui senza una storia familiare di malattie cardiache sviluppare improvvisamente sintomi cardiaci significativi dopo anni di consumo di marijuana emotivamente instabile.

La depressione contribuiva a questo circolo vizioso in modi più discreti ma altrettanto dannosi. Gli individui depressi spesso dormivano male, non erano motivati a fare esercizio fisico e consumavano più sostanze per far fronte alla situazione. La scarsa qualità del sonno aumentava di per sé i rischi cardiovascolari, alterando i modelli di pressione sanguigna notturna e spingendo il cuore a lavorare di più durante il giorno. Molti consumatori di marijuana facevano affidamento sulla sostanza per dormire, ignari del fatto che interrompesse i normali cicli del sonno e riducesse il sonno profondo, la fase essenziale per il recupero cardiaco. Si sentivano riposati solo superficialmente, mentre i loro corpi soffrivano di una privazione cronica del sonno che aumentava lentamente il rischio cardiovascolare.

L'effetto combinato di tensione mentale, instabilità emotiva e stress fisiologico indotti dal THC ha creato una tempesta perfetta. Non è stato immediato e non è sempre stato drammatico. La maggior parte dei consumatori lo ha descritto come cambiamenti lievi: più irritabilità, più affaticamento, un battito cardiaco accelerato qua e là, momenti di paura che passavano rapidamente. Raramente si sono resi conto che questi momenti si accumulavano, aggiungendo ognuno un ulteriore strato di stress al loro sistema cardiovascolare.

Nella pratica clinica, le spiegazioni del Dott. London spesso sorprendevano i suoi pazienti. Molti arrivavano a comprendere, a volte con riluttanza, che gli effetti lenitivi che cercavano nella marijuana erano offuscati dal notevole stress che essa comportava sia per la mente che per il cuore. Ciò che credevano fosse rilassamento si rivelava spesso intorpidimento emotivo; ciò che credevano fosse sollievo dallo stress era, a volte, l'inizio di un altro ciclo di stress fisiologico.

Mente e cuore non erano entità separate che operavano in modo isolato. L'ansia stringeva il petto con la stessa forza con cui restringeva le arterie. La depressione indeboliva la motivazione così come indeboliva il ritmo cardiaco. Il THC entrava in questo delicato sistema e spingeva su entrambi i fronti – emotivo e fisico – intensificando il carico senza che il consumatore se ne rendesse pienamente conto.

Quando il Dott. London concluse le lezioni di questo capitolo, il messaggio era ormai chiaro: l'impatto della marijuana sulla salute mentale aveva profonde implicazioni per il benessere cardiovascolare. Ansia, panico, squilibrio emotivo e cicli depressivi non erano solo problemi psicologici; erano percorsi verso uno stress cardiaco reale e misurabile. E in un mondo in cui la varietà invisibile era spesso la più pericolosa, comprendere questa connessione poteva fare la differenza tra prevenzione e tragedia.

CAPITOLO 16 – "È NATURALE, QUINDI È SICURO": L'IPOTESI PIÙ PERICOLOSA

L'idea che qualcosa di naturale debba essere sicuro era tramandata di generazione in generazione, intessuta in culture, conversazioni e abitudini che le persone portavano avanti senza porsi domande. Il Dott. London l'aveva sentita innumerevoli volte, pronunciata con una silenziosa certezza, come se la frase stessa contenesse una verità innegabile. Veniva pronunciata nelle stanze d'ospedale, sussurrata nelle sale d'attesa e intessuta nelle scuse fornite da pazienti che faticavano ad accettare la propria vulnerabilità. Appariva in dichiarazioni come*"Ma è solo una pianta"*, O *"È organico, quindi non può essere dannoso"*,Come se la semplice origine di una sostanza cancellasse le complesse conseguenze biologiche che produceva. Nel corso degli anni, aveva imparato che questa convinzione – questa fallacia naturalistica – era non solo uno degli equivoci più persistenti, ma anche uno dei più pericolosi.

La natura, si ripeteva spesso, non aveva mai promesso sicurezza. Non aveva mai affermato che le sue creazioni fossero innocue o delicate. La natura ospitava sia rimedi che veleni, sia foglie curative che fiori velenosi. Gli esseri umani si erano evoluti per riconoscere alcuni pericoli, ma altri rimanevano nascosti sotto profumi gradevoli o apparenze innocue. Nel suo lavoro, vedeva promemoria quotidiani di come un presupposto di sicurezza basato esclusivamente sull'etichetta "naturale" potesse accecare gli individui ai rischi fino al punto che i loro corpi non fossero più in grado di sopportarne le conseguenze.

Ricordava una conversazione in sala operatoria con un uomo sulla trentina che si era sottoposto a un intervento di bypass d'urgenza molto prima di quanto si aspettasse. L'uomo aveva insistito sul fatto che il suo pesante consumo di marijuana non poteva aver contribuito alla sua condizione perché, come diceva passivamente, "aveva creduto che fosse più sicura di qualsiasi cosa trattata". Lo aveva detto con confusione piuttosto che con arroganza, come se la sua logica interna fosse stata scossa ma non ancora sostituita dalla comprensione. Il dottor London aveva ascoltato pazientemente, sapendo che le parole dell'uomo riflettevano una narrazione culturale più ampia che si era radicata nel corso di decenni.

La marijuana, derivata da una pianta, era stata inserita nella stessa categoria di tisane, spezie o rimedi naturali, sebbene il suo metodo di consumo – combustione e inalazione – la collocasse in una categoria completamente diversa da qualsiasi cosa destinata a curare o lenire l'organismo. Fumare, indipendentemente dal fatto che la pianta venisse bruciata, creava combustione, calore e sottoprodotti tossici che nessun polmone umano era stato progettato per gestire. Eppure persisteva l'idea che, poiché la marijuana non proveniva da un laboratorio e non conteneva additivi chimici, dovesse in qualche modo essere esente dalle conseguenze biologiche osservate in altre forme di fumo.

Il Dott. London aveva visto questa convinzione influenzare le decisioni di adolescenti, giovani adulti e anziani, tutti desiderosi di trovare conforto in qualcosa che, secondo loro, la natura aveva confezionato in modo sicuro. Alcuni l'avevano sentito dai coetanei, altri dai media e molti da storie culturali tramandate nelle comunità. L'idea di "fumo organico" esercitava uno strano fascino, come se qualsiasi cosa etichettata come naturale si guadagnasse automaticamente la fiducia. Ma il corpo umano non negoziava la sicurezza sulla base di etichette; reagiva a composti chimici, tossine, particolato e calore, tutti presenti nel fumo di marijuana.

Ricordava di aver incontrato una donna sulla quarantina, la cui mancanza di respiro era peggiorata costantemente nel corso degli anni di fumo quotidiano. Aveva usato la marijuana non solo per svago, ma come parte di quello che credeva fosse uno stile di vita più olistico. Aveva scelto cibo biologico, evitato prodotti trasformati e creduto fermamente negli approcci naturali alla salute. Quando le sue scansioni rivelarono una significativa infiammazione delle vie aeree e i primi segni di bronchite cronica, era rimasta scioccata. Passivamente, aveva detto, "pensava che i prodotti naturali dovessero essere sicuri", come se le fondamenta stesse delle sue scelte l'avessero tradita. In quel momento, la dottoressa London aveva compreso di nuovo la profonda influenza delle supposizioni, non solo sui comportamenti individuali, ma sulle giustificazioni silenziose che le persone si adoperavano mentre il danno si accumulava silenziosamente.

La complessità della natura rimaneva spesso invisibile all'occhio inesperto. Una foglia poteva sembrare innocua ma contenere composti capaci di causare l'insufficienza d'organo. Un fiore poteva apparire delicato ma contenere tossine capaci di paralizzare il cuore. Il mondo naturale includeva alcuni dei veleni più potenti conosciuti dalla scienza: estratti che potevano uccidere in milligrammi, piante che potevano danneggiare il sistema nervoso, funghi che potevano distruggere il fegato. Eppure nessuno di questi portava segnali d'allarme per chi non sapeva leggere le proprie impronte biologiche. Dare per scontato che una sostanza fosse sicura solo perché emergeva dal terreno anziché da un laboratorio significava fraintendere sia la natura sia l'organismo che interagiva con essa.

Anche in ambito medico, molti trattamenti salvavita provenivano da fonti naturali, ma richiedevano perfezionamento, controllo e dosaggio preciso per evitare danni. La morfina, derivata dal papavero, poteva salvare vite umane se somministrata correttamente, ma devastarle se usata in modo improprio. La digitale, estratta dalla digitale, poteva regolare il ritmo cardiaco, ma anche alterarlo fatalmente se assunta in eccesso. Il confine tra rimedio e veleno era sempre stato sottile, e per superarlo era necessaria conoscenza piuttosto che supposizioni. La marijuana, pur essendo una pianta, conteneva composti che agivano potentemente sul cervello e sul sistema cardiovascolare. Il THC poteva aumentare la frequenza cardiaca, restringere i vasi sanguigni e aumentare il fabbisogno di ossigeno del cuore. Quando bruciava, la pianta di marijuana rilasciava catrame, sostanze irritanti, cancerogene e particolato, tutti elementi che mettevano a dura prova i polmoni in modi che nessuna etichettatura "naturale" avrebbe potuto attenuare.

Nell'esperienza del Dott. London, la fallacia naturalistica faceva più che fuorviare; forniva un senso di conforto che intorpidiva la vigilanza. Le persone che fumavano marijuana quotidianamente raramente si fermavano a considerare la risposta dei loro polmoni, perché l'atto sembrava familiare, ordinario e supportato da rassicurazioni culturali. Il gesto ripetitivo di accendere una canna, inalare profondamente e rilasciare il fumo divenne rituale, qualcosa di insito nel ritmo delle loro vite. Gli avvertimenti del corpo – tosse, respiro sibilante, costrizione toracica – venivano spesso liquidati come temporanei o insignificanti. Dopotutto, ragionavano silenziosamente, quanto poteva essere dannoso se proveniva da una pianta?

Aveva visto lo stesso ragionamento anche con altre sostanze. Aveva curato casi di individui che avevano sperimentato integratori "naturali" venduti senza regolamentazione, ignari del fatto che alcuni contenessero livelli pericolosi di stimolanti. Aveva visto pazienti avvelenati da rimedi erboristici contenenti contaminanti o composti incompatibili con i loro farmaci abituali. In ogni caso, il presupposto di base era lo stesso: naturale uguale sicuro. Eppure le conseguenze contraddicevano ripetutamente questa convinzione.

Il posizionamento culturale della marijuana l'aveva resa particolarmente vulnerabile a questo equivoco. Era associata a calma, creatività, rilassamento e guarigione naturale. La sua lunga storia di uso tradizionale contribuiva ulteriormente alla percezione che dovesse essere innocua. Ma l'uso tradizionale non riguardava le varietà ad alta potenza sviluppate nei mercati moderni, né le forme concentrate disponibili oggi. La pianta di marijuana moderna assomigliava poco a quella consumata dalle generazioni precedenti. Presentava livelli di THC più elevati, una densità di fumo più intensa ed effetti cardiovascolari più pronunciati: fattori che le persone raramente consideravano quando si basavano su presupposti ereditati da un'altra epoca.

Un paziente, un giovane poco più che trentenne, era arrivato in ospedale con un forte dolore al petto dopo aver fumato molto durante una settimana stressante. Quando gli era stato chiesto del suo consumo, aveva risposto passivamente che "aveva scelto la marijuana perché la considerava un'alternativa naturale alle sigarette o all'alcol". Non aveva mai messo in dubbio l'idea che inalare fumo – qualsiasi fumo – comportasse rischi intrinseci. Per lui, il fumo di una pianta sembrava meno pericoloso del fumo di prodotti trasformati. Ma le sue arterie gli avevano raccontato una storia diversa. Le sue scansioni avevano rivelato infiammazione, formazione precoce di placche e segni di stress che indicavano anni di stress cardiovascolare. Aveva guardato le immagini con incredulità, cercando di conciliarle con la convinzione di aver intrapreso una strada più sicura.
La percezione di sicurezza naturale rendeva anche più difficile per le persone riconoscere i primi sintomi di danno. Quando avvertivano palpitazioni, le attribuivano all'ansia o alla stanchezza. Quando sentivano il fiato corto, davano la colpa al tempo o alla mancanza di esercizio fisico. Quando notavano costrizione toracica, la liquidavano come uno stiramento muscolare. La mente proteggeva il sistema di credenze, filtrando i segnali del corpo attraverso la lente di ciò che avevano assunto come vero. Quando cercavano assistenza medica, il danno era spesso più avanzato del previsto. Fumare marijuana quotidianamente per anni lasciava segni su polmoni, cuore e vasi sanguigni che si accumulavano silenziosamente fino a diventare impossibili da ignorare.

La distinzione tra origine naturale e impatto biologico divenne critica. Il corpo non valutava se una sostanza provenisse dalla terra o da un laboratorio; ne valutava la composizione chimica e i cambiamenti fisiologici che innescava. Catrame, monossido di carbonio, agenti cancerogeni e particolato interagivano con i polmoni allo stesso modo, indipendentemente dal fatto che provenissero da tabacco o marijuana. Il calore danneggiava il rivestimento delle vie respiratorie, indipendentemente dal fatto che la pianta fosse biologica o prodotta in serie. I sottoprodotti della combustione compromettevano lo scambio di ossigeno, indipendentemente dalla reputazione culturale della pianta. Il cuore reagiva allo stress indotto dal THC come a qualsiasi stimolante: lavorando di più, battendo più velocemente e richiedendo più ossigeno.
Il Dott. London sapeva che sfidare la fallacia naturalistica richiedeva pazienza, chiarezza e compassione. Le persone non si aggrappavano a queste convinzioni per ostinazione, ma per fiducia: fiducia nelle narrazioni ascoltate durante la crescita, fiducia nei messaggi culturali, fiducia nel proprio ragionamento. Infrangere quella fiducia significava offrire un nuovo modo di comprendere, fondato non sulla paura ma sulla verità biologica. Aveva capito che le persone avevano bisogno di distinguere tra origine naturale e sicurezza fisiologica. Avevano bisogno di capire che il corpo non distingue tra danno naturale e artificiale.

Nelle conversazioni con i pazienti, descriveva spesso la natura come una forza duale. Essa forniva nutrimento, guarigione e bellezza, ma anche pericolo, tossicità e imprevedibilità. Gli esseri umani erano sopravvissuti non dando per scontato la sicurezza, ma imparando a identificare e rispettare quel pericolo. Quando gli individui trattavano le sostanze naturali con incondizionata fiducia, si trovavano in una posizione di svantaggio, perché non riuscivano a riconoscere la complessità che la natura portava con sé.
Riflettendo sullo scopo di questo capitolo, il Dott. London lo vedeva non semplicemente come una confutazione di un equivoco, ma come un promemoria. Un promemoria del fatto che la sicurezza non era determinata dall'origine ma dall'impatto, non dal comfort culturale ma dalla realtà biologica. Sperava che i lettori guardassero oltre la superficie dell'etichetta "naturale" e capissero che le reazioni del corpo erano radicate nella scienza, non nel sentimento.
In definitiva, l'assunto più pericoloso non era che la marijuana fosse naturale, ma che la natura stessa fosse intrinsecamente sicura. Riconoscere questa distinzione potrebbe fare la differenza tra una consapevolezza precoce e un rimpianto tardivo, tra prevenzione e crisi, tra una convinzione preservata e una vita preservata.

Capitolo 17 – Disinformazione sui social media: TikTok, Instagram e l'ascesa dei consigli sbagliati

Il panorama dell'informazione moderna era diventato un luogo in cui la verità competeva con l'intrattenimento, e spesso quest'ultimo vinceva. Il Dott. London aveva osservato questa trasformazione svolgersi non su riviste di ricerca o congressi medici, ma sugli schermi dei suoi pazienti: minuscoli rettangoli luminosi pieni di video che duravano quindici secondi ma avevano conseguenze molto più durature. Piattaforme come TikTok e Instagram, un tempo progettate per la creatività e la connessione, si erano lentamente trasformate in arene in cui i consigli sulla salute diventavano contenuti, i contenuti diventavano valuta e gli influencer diventavano le nuove autorità, indipendentemente dalle loro qualifiche.

Non era insolito che i pazienti entrassero nel suo studio facendo riferimento a qualcosa che avevano visto online. Le affermazioni arrivavano in modo passivo, come se ripetessero fatti raccolti da fonti attendibili: *"Si diceva online che la cannabis abbassa la pressione sanguigna"*, O *"un creatore aveva spiegato che il fumo naturale purifica i polmoni"*, O *"Un influencer ha affermato che la marijuana protegge il cuore riducendo lo stress."*Queste affermazioni trasmettevano la sicurezza della convinzione, sebbene si basassero su incomprensioni, verità parziali o vere e proprie invenzioni. Il Dott. London aveva imparato a riconoscerne il tono, la sottile certezza che derivava da informazioni ricevute ripetutamente attraverso immagini accattivanti, musica orecchiabile o personalità carismatiche.

Aveva capito che la disinformazione non si diffondeva perché le persone non erano intelligenti; si diffondeva perché i sistemi online premiavano la semplicità, l'audacia e l'emotività rispetto alle sfumature, all'accuratezza e alla cautela. Gli algoritmi non davano valore a ciò che era corretto; davano valore a ciò che veniva guardato, condiviso e con cui si interagiva. E i consigli che apparivano naturali, ribelli o a sostegno di abitudini popolari spesso guadagnavano molto più seguito rispetto ai contenuti che esortavano alla moderazione o alla consapevolezza dei rischi. Non sorprendeva, quindi, che i video che esaltavano l'uso di marijuana circolassero ampiamente, mentre le discussioni equilibrate sulla salute rimanevano sepolte.

Ricordava una giovane paziente che aveva insistito sul fatto che la marijuana potesse "disintossicare i polmoni", basandosi su un video condiviso migliaia di volte. La ragazza aveva detto passivamente che "il creatore glielo aveva spiegato chiaramente", usando un gergo che imitava il linguaggio scientifico ma ne distorceva completamente il significato. Il creatore aveva fatto riferimento a "proprietà depurative delle piante", "equilibrio naturale del fumo" e "antica purificazione polmonare", frasi pensate per sembrare autorevoli ma prive di accuratezza biologica. La giovane paziente ci aveva creduto con tutto il cuore, perché il video era stato apprezzato da un milione di altre persone ed era stato approvato da commenti pieni di consenso.

Il Dott. London aveva spiegato con delicatezza che il fumo, indipendentemente dalla sua origine vegetale, danneggiava i polmoni anziché guarirli. Lei lo aveva ascoltato, ma lui aveva percepito la resistenza creata dall'enorme discrepanza tra la calma e prolissa spiegazione medica e i contenuti online rapidi ed emotivamente accattivanti che aveva consumato. Nel suo mondo, la competenza non si misurava in base alle credenziali, ma in base alla viralità. E più l'affermazione era scandalosa, più velocemente si diffondeva.

Gli influencer, molti dei quali privi di formazione medica, erano diventati voci influenti nel plasmare la percezione pubblica. Confezionavano le informazioni in modi accattivanti: grafiche colorate, sketch umoristici, brevi modifiche e musica che rendevano qualsiasi messaggio affidabile semplicemente perché risultava familiare. Molti influencer non erano intenzionalmente ingannevoli; ripetevano semplicemente ciò che avevano sentito, ignari di contribuire a una catena di interpretazioni errate. Altri, invece, creavano deliberatamente contenuti pensati per provocare forti reazioni, perché polemiche ed entusiasmo aumentavano la visibilità.

Alcuni addetti al marketing della cannabis hanno utilizzato queste piattaforme in modo strategico, mescolando immagini di lifestyle con affermazioni sulla salute che presentavano sottilmente la marijuana come innocua o benefica. Mostravano utenti intenti a rilassarsi, fare escursioni, meditare o cucinare, con didascalie che sottintendevano sottilmente che la marijuana migliorasse il benessere, stimolasse la creatività e migliorasse la salute del cuore. Alcuni hanno persino riproposto studi scientifici legittimi, distorcendone le conclusioni per adattarle a narrazioni che avrebbero aumentato le vendite dei prodotti. Una frase di uno studio che sottolineava gli effetti a breve termine della cannabis sul rilassamento poteva essere trasformata in un'affermazione radicale secondo cui la marijuana preveniva le malattie cardiache legate allo stress, sebbene i risultati complessivi suggerissero il contrario.

Questa manipolazione prosperava perché la maggior parte degli spettatori non aveva il tempo – o l'interesse – per verificare ogni affermazione. Gli esseri umani gravitavano naturalmente verso informazioni che supportavano i loro desideri o convinzioni, e la crescente normalizzazione della marijuana creava terreno fertile per la disinformazione. Le piattaforme stesse acceleravano questo processo. L'algoritmo di TikTok valutava il comportamento degli utenti in pochi secondi: se qualcuno guardava anche solo un clip correlato alla marijuana fino alla fine, il sistema lo interpretava come interesse e iniziava a consigliare video simili. In pochi minuti, uno spettatore poteva immergersi in un mondo curato in cui ogni creatore rafforzava lo stesso messaggio: che la marijuana era innocua, salutare o superiore ad altre sostanze.

Il Dott. London vide i risultati in tempo reale. I pazienti annuivano mentre spiegava i rischi per la salute, eppure lui percepiva il tira e molla mentale che li perseguitava. Nella loro mente, le immagini di TikTok e Instagram spesso superavano le prove cliniche. Erano stati esposti ripetutamente a post che suggerivano che la marijuana fosse "l'alternativa più sicura", "una medicina naturale" o "una pianta curativa travisata dalla vecchia scienza". Questi messaggi risuonavano emotivamente perché offrivano conforto e conferma. La verità, complessa e a volte scomoda, non si sposava bene con la semplicità mascherata da empowerment.

Pensò a un altro caso: un uomo sulla trentina che aveva sofferto di palpitazioni spaventose dopo aver fumato molto durante un periodo di stress. Quando gli era stato chiesto del suo consumo, l'uomo aveva risposto passivamente: "Online gli avevano spiegato che la cannabis aiuta a regolare il ritmo cardiaco". La disinformazione che aveva seguito proveniva da un creatore che pubblicava spesso consigli sul benessere, ma usava la terminologia medica in modo impreciso. Il creatore aveva descritto la marijuana come un "rilassante cardiaco naturale", sostenendo che il THC lenisse il cuore e migliorasse la circolazione. Queste affermazioni, pronunciate con sicurezza e accompagnate da immagini accattivanti, erano state sufficienti a convincere migliaia di spettatori. Ma l'uomo seduto di fronte al Dott. London aveva imparato la verità a sue spese: durante un viaggio in ambulanza e ore al pronto soccorso.

Il Dott. London aveva cercato di comprendere la psicologia alla base di questo cambiamento. Si era reso conto che molte persone non si fidavano più delle fonti di informazione tradizionali. Gli esperti parlavano con toni misurati, usando un linguaggio cauto e riconoscendo l'incertezza. Gli influencer parlavano con assoluta convinzione, offrendo risposte semplici a domande complesse. La loro sicurezza risuonava più forte della cauta accuratezza, e il ritmo rapido dei social media faceva sembrare lenta e obsoleta un'analisi ponderata. Gli spettatori raramente vedevano le reali conseguenze – infarti, danni polmonari o episodi di ansia – perché quelle realtà si verificavano a porte chiuse, non su feed video raffinati.

Aveva anche notato che le clip popolari spesso usavano frasi come"*i dottori non te lo diranno*" O "*le grandi aziende non vogliono che tu lo sappia*",Alimentando una narrazione che faceva percepire la disinformazione come un atto di ribellione e di empowerment. Questa inquadratura suggeriva che abbracciare la marijuana non fosse solo una scelta, ma una presa di posizione contro l'autorità, trasformando l'atto in qualcosa di culturalmente attraente. Creava un'atmosfera in cui le indicazioni scientifiche apparivano restrittive, mentre i contenuti degli influencer apparivano liberatori.

Il problema, secondo il Dott. London, non era semplicemente l'esistenza della disinformazione: la disinformazione era sempre stata parte integrante della società. Il vero problema era la velocità e la portata della sua diffusione. TikTok e Instagram diffondevano contenuti più velocemente di quanto si potessero apportare correzioni. Un singolo video fuorviante poteva raggiungere milioni di persone nel giro di poche ore, mentre informazioni mediche accurate faticavano a guadagnare terreno senza un contesto drammatico. Questo squilibrio creava un ambiente in cui la verità rimaneva indietro rispetto alla falsità e i consigli dannosi venivano normalizzati molto prima che gli esperti potessero intervenire.

Pensò a una giovane donna che era arrivata con gravi episodi di ansia scatenati dall'uso di marijuana. Aveva iniziato a usarla perché, come spiegò passivamente, "i video online dicevano che aiutava le persone con ansia". Non sapeva che il THC potesse peggiorare l'ansia in molti individui, soprattutto ad alte dosi. I creatori che seguiva ne avevano mostrato solo gli effetti calmanti, ignorando la variabilità biologica che rendeva la marijuana imprevedibile. La sua esperienza era stata spaventosa – batticuore, senso di costrizione al petto, terrore opprimente – e aveva faticato a capire perché la sua reazione fosse diversa dalle immagini rosee che aveva visto online.

L'ascesa dei contenuti brevi aveva inoltre reso quasi impossibile la comprensione delle sfumature. Spiegazioni complesse sulla salute non si adattavano perfettamente a clip di quindici secondi. Di conseguenza, i creatori hanno ridotto il contesto fino a farne rimanere solo frammenti, lasciando agli spettatori idee incomplete che apparivano ingannevolmente complete. Termini come "antinfiammatorio", "rilassante naturale" e "composti vegetali benefici per il cuore" venivano usati senza alcun riferimento al dosaggio, al metodo di assunzione o alle conseguenze fisiologiche. Questi frammenti sono diventati convinzioni, e queste convinzioni hanno guidato il comportamento.
Nelle conversazioni del Dott. London con i colleghi, il tema dei social media emergeva spesso. Molti di loro avevano notato una crescente difficoltà nel convincere i pazienti dei rischi reali. La fiducia un tempo riposta nei professionisti medici era ora divisa tra innumerevoli fonti online, molte delle quali non avevano alcuna responsabilità per le conseguenze dei loro consigli. La democratizzazione dell'informazione aveva offerto empowerment, ma aveva anche offuscato il confine tra competenza e opinione. In ambito sanitario, questa confusione comportava conseguenze reali, a volte irreversibili.

Aveva iniziato a considerare la disinformazione come una sorta di inquinante silenzioso: qualcosa di invisibile ma pervasivo, che entrava silenziosamente nelle menti e alterava le decisioni senza che le persone si rendessero conto di esserne state influenzate. Colpiva non solo i singoli individui, ma anche le comunità, plasmando gli atteggiamenti collettivi nei confronti del rischio e della sicurezza. Quando la disinformazione diventava virale, non ingannava solo una persona; ingannava migliaia, e a volte milioni di persone. Questa portata trasformava le incomprensioni personali in sfide per la salute pubblica.
L'aspetto preoccupante era che la disinformazione sulla marijuana spesso si presentava avvolta in un alone di positività. I video mostravano persone che ridevano con gli amici, cucinavano pasti aromatizzati o la usavano come parte di routine di benessere. Queste rappresentazioni creavano un'illusione di innocuità, proteggendo gli spettatori dalle realtà fisiologiche nascoste. L'algoritmo valorizzava i contenuti accattivanti, divertenti e visivamente accattivanti, minimizzando tutto ciò che richiedeva riflessione o metteva in discussione le convinzioni esistenti.

Il Dott. London si rese conto che la soluzione non sarebbe venuta da prediche o messaggi basati sulla paura. Richiedeva comprensione, pazienza e la volontà di contestualizzare i rischi in modi che trovassero riscontro nel pubblico. Le persone dovevano vedere non solo i pericoli, ma anche i meccanismi: la connessione tra inalazione di fumo e danni polmonari, tra picchi di THC e stress cardiaco, tra uso frequente e dipendenza a lungo termine. Avevano bisogno di ascoltare storie vere, basate su conseguenze reali, per contrastare le narrazioni edulcorate che si trovano online.

Immaginava spesso come sarebbe stato se approfondimenti medici accurati avessero avuto la stessa visibilità dei video virali. Se una spiegazione dettagliata di uno sforzo cardiovascolare potesse raggiungere milioni di persone in pochi secondi, o se i chirurghi polmonari condividessero immagini di tessuti danneggiati con la stessa frequenza con cui gli influencer condividono sessioni di fumo glamour. Ma sapeva che tali contenuti mancavano dell'attrattiva necessaria per prosperare nel panorama attuale. I fatti non competevano bene con lo spettacolo.

Eppure, continuava a nutrire speranza. La consapevolezza era cresciuta lentamente e una nuova generazione di voci formate in ambito medico aveva iniziato a utilizzare i social media per offrire indicazioni precise. Questi creatori affrontarono battaglie difficili, spesso oscurate da voci più forti, ma perseverarono. Il Dott. London ammirava il loro impegno, consapevole di quanto fosse difficile farsi strada tra il rumore.

Riflettendo sull'aumento della disinformazione, si rese conto chiaramente che la sfida andava oltre la marijuana. Rappresentava un cambiamento più ampio nel modo in cui la società consumava la conoscenza, formava convinzioni e prendeva decisioni in materia di salute. In questa nuova era, la capacità di pensare in modo critico era diventata un'abilità vitale, forse tanto essenziale quanto qualsiasi intervento medico. Senza di essa, le persone rimanevano vulnerabili alle affascinanti falsità trasmesse da sconosciuti sicuri di sé sugli schermi.

Scrivendo questo capitolo, sperava di fornire ai lettori una lente attraverso cui osservare il mondo digitale più chiaramente, per riconoscere la differenza tra prove e intrattenimento, tra competenza e carisma, tra verità e illusione di verità. Perché, in fin dei conti, la disinformazione non si limita a distorcere la comprensione; plasma comportamenti reali, influenza persone reali e contribuisce a danni reali. E queste conseguenze, a differenza delle tendenze dei social media, non scompaiono quando lo schermo si oscura.

Capitolo 18 – Legalizzazione e l'effetto alone di sicurezza

L'introduzione della legalizzazione della marijuana in diverse regioni aveva fatto più che spostare i confini legali; aveva alterato sottilmente la percezione pubblica, creando quello che il Dott. London chiamava "l'effetto alone di sicurezza". I pazienti entravano nella sua clinica con la tranquilla certezza che, essendo la cannabis legale, comportasse rischi minimi. Questa convinzione veniva raramente espressa in modo aggressivo; piuttosto, veniva inserita passivamente nelle conversazioni, come se la sola legalità offrisse protezione.*"Era stato legalizzato, quindi pensava che dovesse essere sicuro",*Un paziente ha ammesso di aver annuito mentre cercava di conciliare il suo recente episodio cardiaco con anni di uso abituale. L'ipotesi era diffusa, raramente messa in discussione e spesso rafforzata dal marketing dei dispensari, dalle narrazioni sociali e dai messaggi governativi.

La legalizzazione aveva una semplicità seducente. Se una sostanza era legalmente consentita, la società sembrava concederle un'approvazione tacita. Le persone pensavano che le leggi esistessero per proteggerle, e che i canali legali implicassero regolamentazione, controllo di qualità e standard di sicurezza. Immaginavano i dispensari come moderni farmacisti, dotati di personale esperto in grado di rispondere a domande su potenza, preparazione e rischio. Molti credevano che il passaggio dall'illegalità alla legalità cancellasse qualsiasi pericolo precedente, come se il processo di regolamentazione stesso purificasse la sostanza. Ma il Dott. London aveva ripetutamente constatato che la legalità non aveva la capacità di modificare la biologia. Legale o illegale, la materia vegetale fumata interagiva con l'organismo allo stesso modo fisiologico, comportando gli stessi rischi cardiovascolari e polmonari.

Ricordava un paziente sulla trentina, portato in ospedale dopo aver avuto un'improvvisa aritmia cardiaca. Il paziente era stato un consumatore occasionale di marijuana per anni, ma da quando avevano aperto i dispensari nelle vicinanze, il suo consumo era aumentato significativamente. Aveva detto passivamente che*credeva che il governo non gli avrebbe permesso di acquistare nulla di pericoloso*Lo sguardo nei suoi occhi non rivelava sfida, ma fiducia mal riposta. Aveva dato per scontato che la supervisione e le licenze fornissero garanzie di sicurezza, trascurando la verità fondamentale che legalità non equivale a innocuità.

Le pratiche di marketing nei mercati legalizzati avevano amplificato questo effetto alone. I dispensari presentavano la marijuana come un prodotto lifestyle, spesso inquadrandone l'uso con narrazioni di benessere. Le etichette vantavano le caratteristiche della varietà, le note aromatiche e persino i benefici dichiarati come "sollievo dallo stress" o "miglioramento del rilassamento". Prodotti commestibili e tinture erano confezionati come prodotti gourmet, decorati con design eleganti, colori vivaci e loghi rassicuranti. Ai consumatori veniva detto in modo discreto, in un linguaggio di qualità e raffinatezza, che erano selezionati, testati e quindi sicuri. Ma il packaging non poteva alterare la farmacologia o le conseguenze fisiche dell'inalazione del fumo o dell'ingestione di elevate concentrazioni di THC.
Anche i messaggi governativi contribuivano involontariamente a diffondere idee sbagliate. Le campagne di salute pubblica si concentravano spesso sulla minimizzazione dei danni, sulla promozione della moderazione e sull'avvertimento dei pericoli dei prodotti illegali. Sebbene questi messaggi fossero scientificamente validi, la loro formulazione spesso implicava che il prodotto legale e regolamentato fosse intrinsecamente sicuro. Le persone assimilavano l'idea di potersi fidare dell'accesso legale, dando per scontato che il loro consumo fosse in gran parte privo di rischi. In questo contesto, molti non consideravano appieno i rischi a lungo termine per la salute cardiovascolare, polmonare e mentale.

Il Dott. London aveva incontrato genitori che acquistavano cannabis per i loro figli adolescenti da punti vendita autorizzati, convinti che la legalità garantisse la qualità del prodotto e riducesse al minimo i rischi per la salute. Avevano dato per scontato che i canali ufficiali implicassero rigorosi controlli di sicurezza, ignari del fatto che la regolamentazione riguardasse principalmente la purezza, i livelli di pesticidi e l'etichettatura del THC, non le più ampie conseguenze fisiologiche dell'uso regolare. I figli, incoraggiati dall'accesso e dalla fiducia implicita dei genitori, spesso aumentavano la frequenza e la potenza, aggravando inconsapevolmente lo stress cardiovascolare.

Ha ricordato un caso particolarmente eclatante che riguardava un paziente sulla trentina, un consumatore abituale che aveva iniziato a consumare concentrati ad alto contenuto di THC da un dispensario autorizzato. Il paziente era arrivato al pronto soccorso con forti palpitazioni e senso di costrizione toracica. Aveva detto passivamente che*dava per scontato che i prodotti legali fossero più sicuri della marijuana da strada*, un'affermazione che riflette la pervasività dell'alone di sicurezza. Le scansioni hanno rivelato infiammazione arteriosa e accumulo precoce di placca, le conseguenze dell'esposizione cronica intensificate dalle forme concentrate. La presunzione di sicurezza del paziente aveva ritardato il riconoscimento del rischio, consentendo al danno di progredire silenziosamente nel tempo.

L'effetto alone si estendeva oltre la percezione individuale, influenzando il comportamento di gruppo. Le cerchie sociali spesso rafforzavano la legalità come indicatore di sicurezza, riducendo la cautela e aumentando il consumo collettivo. Gli amici condividevano consigli sui dispensari, promuovevano ceppi come "salutari per il cuore" o "sicuri per il corpo" e sottolineavano i test di laboratorio come prova di innocuità. In questi ambienti, le discussioni sul rischio si attenuavano, poiché il quadro giuridico giustificava implicitamente l'abitudine. Gli avvertimenti di medici, scienziati o ricercatori venivano spesso ignorati, inquadrati come obsoleti o allarmistici.

Anche gli incontri con gli operatori sanitari riflettevano questa sfida. I pazienti riferivano con sicurezza il loro consumo di marijuana, a volte sottolineando che il consumo proveniva da fonti autorizzate, aspettandosi implicitamente rassicurazioni. Molti rimasero sorpresi quando il Dott. London spiegò che la legalità non mitigava i rischi cardiovascolari o polmonari, che il THC aumentava comunque la frequenza cardiaca, restringeva i vasi sanguigni e aumentava il fabbisogno di ossigeno, e che il fumo inalato – legale o meno – introduceva comunque catrame, sostanze irritanti e cancerogene nei polmoni. Spesso assisteva a un sottile cambiamento nel linguaggio del corpo, una breve lotta tra presupposti pregressi e realtà emergente, seguita da un timido riconoscimento del rischio.

L'effetto alone ha anche mascherato la consapevolezza del dosaggio. L'accesso legalizzato, unito a design di prodotto accattivanti e varietà ad alta potenza, ha incoraggiato un consumo maggiore. Concentrati, oli e prodotti commestibili contenevano livelli di THC ben superiori a quelli consumati in passato dai consumatori ricreativi. Molti consumatori, fidandosi della legalità e delle etichette testate in laboratorio, non consideravano che una maggiore potenza amplificasse lo sforzo cardiaco, il rischio di aritmie e lo stress vascolare. Interpretavano la legalità come prova di sicurezza piuttosto che come un'autorizzazione a monitorare criticamente il consumo.

Il Dott. London ha osservato che questo equivoco si intersecava spesso con il rischio legato all'età. I giovani adulti, sentendosi già invincibili, assorbivano rapidamente l'effetto alone. Presupponevano che, poiché la marijuana era legale e pubblicizzata con messaggi di benessere, la sostanza non potesse danneggiarli. Il risultato era una coorte di consumatori sempre più esposti a fattori di stress cardiovascolari e danni polmonari in giovane età. Quando emergevano le conseguenze fisiologiche, avevano già stabilito schemi che richiedevano un intervento o una gestione a lungo termine.

Un paziente, poco più che ventenne, era arrivato con fastidio al petto e lieve mancanza di respiro. Aveva detto passivamente che*si fidava della marijuana venduta legalmente più di qualsiasi altra sostanza*, citando ceppi testati in laboratorio e i consigli del personale del dispensario. Non aveva capito che, sebbene i contaminanti potessero essere controllati, il fumo stesso e lo stress indotto dal THC sul suo sistema cardiovascolare rappresentavano rischi significativi. Le sue arterie erano infiammate ed erano visibili i primi segni di disfunzione endoteliale, tutti derivanti da anni di esposizione ripetuta. La legalità aveva offerto un falso scudo, mascherando il lento e silenzioso accumulo di danni.

La formazione in farmacia, sebbene a volte utile, poteva inavvertitamente rafforzare le supposizioni. I dipendenti spesso si concentravano sulle caratteristiche del prodotto, sulla conformità legale e sull'esperienza utente, senza necessariamente discutere le implicazioni a lungo termine per la salute. I clienti, rassicurati dalle raccomandazioni professionali all'interno di un quadro normativo, raramente cercavano una verifica indipendente o una consulenza scientifica. Questa dinamica amplificava l'effetto alone, creando un ambiente in cui legalità, marketing e consigli aneddotici mettevano in ombra le prove mediche.

Il Dott. London ha anche osservato che la legalizzazione aveva influenzato le narrazioni pubbliche sulla riduzione del danno. Le campagne di sensibilizzazione enfatizzavano spesso la sicurezza rispetto ai prodotti illegali, suggerendo che la marijuana legale riducesse al minimo la contaminazione, le sostanze alterate e la potenza non regolamentata. Pur essendo vero in quei contesti ristretti, il messaggio spesso conteneva un'approvazione implicita della sicurezza generale. I consumatori interiorizzavano questi messaggi, equiparando la regolamentazione alla protezione sanitaria completa, oscurando la realtà che l'inalazione di fumo, i picchi di THC e l'uso cronico rimanevano fisicamente dannosi.
La legalizzazione ebbe ulteriori implicazioni per la normalizzazione. Sostanze un tempo illecite e stigmatizzate si erano trasformate in comportamenti socialmente accettabili. Luoghi di lavoro, eventi sociali e incontri ricreativi ora presentavano la marijuana senza alcun giudizio. Questa accettazione culturale, unita all'alone di sicurezza percepito, ridusse l'attrito cognitivo che altrimenti avrebbe potuto indurre una valutazione critica dei rischi per la salute. Quando tutti intorno a un consumatore trattavano la sostanza come innocua, il dialogo interiore che un tempo metteva in discussione il rischio si ridusse, lasciando spazio all'autocompiacimento.

Il Dott. London aveva osservato lo stesso andamento negli anziani che in precedenza avevano evitato la marijuana. La percezione che l'accesso legale indicasse legittimità incoraggiava la sperimentazione, spesso in modi che ignoravano le condizioni di salute preesistenti. I pazienti con ipertensione, aritmie o malattie cardiovascolari in fase iniziale presumevano che la legalità mitigasse il rischio, a volte aggravando le condizioni con un consumo eccessivo. L'effetto alone di sicurezza, si rese conto, si estendeva a tutte le età e a tutti i gruppi demografici, plasmando i comportamenti dai giovani adulti alle popolazioni più anziane che altrimenti avrebbero potuto essere più caute.

Aveva visto gli effetti anche nelle famiglie. Occasionalmente, i genitori permettevano ai figli adulti di usare marijuana in casa, citando la legalità e la regolamentazione come prova di sicurezza. Le conversazioni sul rischio erano spesso smorzate, oscurate dalla fiducia nei quadri giuridici e nell'autorità dei dispensari. I figli interiorizzavano questi atteggiamenti, associando la legalità all'innocuità, e talvolta ne aumentavano la frequenza o la potenza senza riconoscere il danno cumulativo.

Anche la letteratura medica ha faticato a contrastare efficacemente l'effetto alone. Gli studi sull'impatto della marijuana legale erano spesso complicati, sfumati e pieni di un linguaggio condizionale che non si traduceva facilmente in messaggi virali sui social. Gli utenti leggevano titoli che enfatizzavano la legalità o i benefici ricreativi senza comprendere appieno i dati sui rischi sottostanti. La scorciatoia cognitiva della legalità ha oscurato un'analisi attenta, consentendo a conseguenze per la salute sottili ma gravi di manifestarsi silenziosamente.

Il Dott. London ha concluso che comprendere l'effetto alone di sicurezza era fondamentale per la salute pubblica. La legalità non conferiva immunità da stress cardiovascolare, danni polmonari o aritmie indotte dal THC. L'effetto alone creava una falsa sicurezza, inducendo i consumatori a sottovalutare il rischio, aumentare la frequenza e la potenza e ignorare i primi segnali di allarme. Era una forza invisibile, che plasmava il comportamento con la stessa forza del gusto, delle abitudini o della pressione dei pari, e richiedeva un'educazione mirata, un dialogo con i pazienti e una consapevolezza sociale per contrastarlo.
Negli incontri clinici, ha sottolineato che la legalità era uno status legale, non una garanzia medica. I prodotti testati in laboratorio potevano ridurre i contaminanti, ma non potevano prevenire i danni polmonari indotti dal fumo o lo stress cardiaco indotto dal THC. I pazienti venivano incoraggiati a valutare criticamente la frequenza, la potenza e lo stato di salute personale, comprendendo che un uso responsabile significava più che rispettare la legge: significava riconoscere e rispettare i limiti del corpo.

L'effetto alone sulla sicurezza, si rese conto, non era del tutto negativo. La legalizzazione aveva ridotto le sanzioni penali, migliorato la regolamentazione dei prodotti e consentito la ricerca sulla farmacologia della cannabis. Ma la conseguenza indesiderata – l'errata percezione pubblica della sicurezza – era profonda. Per contrastarla era necessario integrare l'istruzione con la scienza accessibile, narrazioni convincenti e il sostegno sia della medicina che della comunità. La consapevolezza dell'effetto alone avrebbe potuto consentire ai consumatori di fare scelte informate, bilanciando la legalità con una chiara comprensione delle realtà fisiologiche.

Il Dott. London ha sottolineato che l'effetto alone è sottile, pervasivo e persistente e che richiede vigilanza non solo da parte dei professionisti medici, ma anche della società in generale. Riconoscere che la legalità non equivale a innocuità è stato il primo passo verso un uso responsabile, una comunicazione efficace sulla salute pubblica e un dialogo significativo tra pazienti e medici. Solo riconoscendo la distinzione tra status legale e conseguenze biologiche, gli individui possono iniziare a muoversi in modo sicuro nel moderno panorama della marijuana, armati di conoscenza piuttosto che di supposizioni, e consapevoli che la legalità, pur essendo benefica in molti contesti, non è mai stata sinonimo di salute.

Capitolo 19 – Svapare, prodotti commestibili, oli: sono più sicuri?

Il panorama del consumo di marijuana è cambiato radicalmente nell'ultimo decennio. L'immagine di una canna rollata a mano non era più l'unica rappresentazione del consumo; al contrario, era emerso un vasto spettro di metodi di somministrazione, ciascuno con effetti fisiologici, profili chimici e fattori di rischio distinti. Il Dott. London aveva osservato questi cambiamenti non solo nella società in generale, ma anche in sala operatoria e durante le visite con i pazienti. Aveva capito che, sebbene il pubblico spesso desse per scontato che forme alternative – svapo, prodotti commestibili, oli – fossero intrinsecamente più sicure del fumo, la realtà era molto più complessa.

Inizialmente, lo svapo era stato accolto come un'alternativa più pulita. I pazienti, in particolare i giovani adulti, erano stati ripetutamente rassicurati sul fatto che inalare vapore anziché fumo riduceva il catrame, le sostanze cancerogene e l'irritazione polmonare. Il messaggio era stato ampiamente interiorizzato: lo svapo era più sicuro, più sano e moderno. Un paziente aveva spiegato passivamente che*era passato allo svapo perché si supponeva che fosse più delicato per i polmoni.*Credeva che l'assenza di fumo visibile significasse assenza di danni. Un altro aveva detto che*gli amici gli avevano detto che svapare "purificava" l'esperienza,*creando la percezione che il vapore inalato potesse evitare i ben noti rischi associati alla combustione tradizionale.

Il Dott. London ha dovuto chiarire che, sebbene lo svapo evitasse alcuni aspetti dell'inalazione di fumo, introduceva rischi specifici. I dispositivi stessi, progettati per riscaldare oli o concentrati di cannabis per produrre vapore, potevano erogare concentrazioni di THC estremamente elevate in brevi periodi, aumentando drasticamente lo sforzo cardiovascolare. Il rapido assorbimento attraverso i polmoni portava a improvvisi picchi di frequenza cardiaca e pressione sanguigna, simili, e a volte più pronunciati, di quelli del fumo. Aveva osservato giovani adulti con ritmi cardiaci irregolari, palpitazioni ed episodi di ansia che coincidevano con un'abitudine intensa allo svapo. La loro percezione di sicurezza aveva ritardato il riconoscimento dei primi segnali di allarme, a dimostrazione della persistente discrepanza tra rischio presunto e rischio reale.

Inoltre, la composizione chimica dei liquidi per svapo veniva spesso sottovalutata. Glicole propilenico, glicerina, aromi e altri additivi venivano utilizzati per ottenere un'inalazione fluida e sapori gradevoli. Sebbene questi ingredienti fossero generalmente considerati sicuri negli alimenti, l'inalazione aveva un impatto fisiologico diverso. Le sostanze chimiche riscaldate potevano degradarsi in composti reattivi che irritavano il tessuto polmonare, innescavano infiammazioni e, in alcuni casi, portavano a lesioni polmonari acute. I pazienti riferivano spesso tosse, mancanza di respiro e senso di costrizione toracica dopo sessioni di svapo ad alta frequenza, pur ritenendo che l'assenza di fumo equivalesse a innocuità.

I prodotti commestibili presentavano una serie di sfide diverse. Senza l'irritazione del fumo nei polmoni, evitavano alcuni rischi polmonari, ma comportavano potenti effetti sistemici dovuti all'assorbimento ritardato e al metabolismo prolungato. I pazienti spesso sottostimavano il dosaggio perché gli effetti si manifestavano più lentamente. Il Dott. London aveva curato individui che avevano consumato prodotti commestibili in quantità che sarebbero sembrate moderate se fumate, solo per sperimentare un'estrema intossicazione da THC ore dopo. I sintomi includevano tachicardia, ipotensione, ansia e, in rari casi, sincope o aritmia. Un paziente aveva spiegato passivamente che*aveva preso il doppio della dose raccomandata perché "non sentiva nulla" immediatamente,*a dimostrazione della difficoltà che molti utilizzatori hanno avuto nello stimare le dosi efficaci e il corrispondente stress cardiovascolare.

Oli e tinture, estratti concentrati di cannabinoidi, offrivano un'altra forma di consumo che appariva comoda e controllata. Le etichette promettevano un dosaggio preciso, una potenza costante e una somministrazione discreta. Queste caratteristiche rendevano gli oli attraenti per gli utenti che cercavano effetti prevedibili o che evitavano del tutto l'inalazione. Eppure, le forme concentrate potevano comunque produrre picchi sostanziali di frequenza cardiaca e pressione sanguigna, in particolare in individui con patologie cardiovascolari preesistenti. Il Dott. London aveva visto pazienti presentarsi per la valutazione con i primi segni di infiammazione endoteliale, spesso legati all'uso ripetuto di alte dosi di oli concentrati. Mentre l'assenza di tossine legate alla combustione riduceva il rischio polmonare, lo sforzo cardiovascolare rimaneva significativo.

La distinzione tra "più sicuro" e "innocuo" era fondamentale nelle discussioni del Dott. London. Sottolineava ai pazienti che astenersi dal fumo non equivaleva all'eliminazione dello stress fisiologico. Il cuore, spiegava, rimaneva vulnerabile alla tachicardia indotta dal THC, all'aumento della domanda di ossigeno del miocardio e alla vasocostrizione. I giovani adulti, in particolare, spesso non erano consapevoli che il loro consumo di svapo o di alimenti ad alta frequenza e ad alte dosi potesse scatenare aritmie o eventi cardiaci improvvisi. Davano per scontato che i metodi moderni fossero intrinsecamente delicati, e questa convinzione spesso ritardava l'intervento medico.

Anche gli additivi chimici complicavano la percezione della sicurezza. I liquidi per svapare contenevano spesso composti aromatizzanti che, se riscaldati, potevano generare aldeidi e altre sostanze irritanti. Alcuni utenti avevano segnalato tosse cronica, senso di costrizione toracica o respiro sibilante dopo periodi prolungati di svapo aromatizzato. Gli oli venduti per il consumo orale a volte contenevano solventi o conservanti che, sebbene considerati inerti a piccole dosi, potevano provocare disturbi gastrointestinali o interagire in modo imprevedibile con altri farmaci. La natura legale e regolamentata di questi prodotti dava agli utenti un falso senso di sicurezza, rafforzando l'idea che fossero completamente sicuri.

Un altro fattore critico era la potenza. Concentrati, oli e prodotti commestibili moderni spesso contenevano livelli di THC molto più elevati rispetto ai fiori tradizionali. Mentre una canna poteva fornire dai 10 ai 15 milligrammi di THC, i concentrati o i prodotti commestibili potevano fornirne 50 milligrammi o più in una singola sessione. Il consumo ripetuto aggravava lo stress fisiologico, soprattutto a carico del sistema cardiovascolare. Il Dott. London aveva osservato pazienti che, alla ricerca di un'esperienza più duratura o più intensa, avevano aumentato le dosi oltre quanto il loro organismo potesse tollerare in sicurezza. Gli effetti ritardati dei prodotti commestibili a volte portavano a ripetute assunzioni in un breve periodo, producendo concentrazioni plasmatiche di THC pericolosamente elevate.

Il Dott. London ha anche osservato che la via di somministrazione influenzava il tipo e la tempistica dei rischi. Svapare e fumare producevano effetti cardiovascolari quasi immediati a causa del rapido assorbimento polmonare, mentre i prodotti commestibili e gli oli producevano un'esposizione sistemica ritardata ma prolungata. Ogni metodo comportava un profilo di rischio distinto, tuttavia la percezione pubblica della sicurezza era spesso omogenea, con molti consumatori che ritenevano tutte le forme alternative prive di rischi. Ha scoperto che l'educazione richiedeva specificità, spiegando non solo l'esistenza dei rischi, ma anche che il tipo di rischio dipendeva dal metodo di consumo, dal dosaggio e dalla fisiologia individuale.

Sebbene lo svapo, gli oli e i prodotti commestibili potessero ridurre l'irritazione polmonare rispetto al fumo, non la eliminavano completamente in tutti i casi. I vapori riscaldati presentavano ancora un potenziale rischio di irritazione delle vie aeree e l'inalazione di oli ad alta concentrazione poteva produrre risposte infiammatorie. In alcuni casi, lo svapo cronico era stato collegato a casi di danno polmonare acuto, a volte abbastanza grave da richiedere il ricovero ospedaliero. I pazienti spesso trovavano questi resoconti controintuitivi, poiché i dispositivi venivano commercializzati come moderni e puliti. Il Dott. London dovette spiegare con attenzione che evitare la combustione era vantaggioso ma non una garanzia di sicurezza.

Ha sottolineato spesso l'importanza del monitoraggio dei parametri di salute personali. Pressione sanguigna, frequenza cardiaca e sintomi cardiovascolari dovrebbero essere valutati regolarmente, in particolare per gli individui con patologie preesistenti o per coloro che utilizzano prodotti ad alta potenza. Molti utenti si affidavano esclusivamente alla percezione soggettiva – quanto si sentissero "fatti" o rilassati – senza correlare la propria esperienza a indicatori di stress fisiologico. Questo approccio soggettivo, ha osservato, spesso mascherava uno sforzo cardiovascolare latente fino al verificarsi di eventi più gravi.

Un altro livello di complessità era rappresentato dalla tolleranza e dalla dipendenza. L'esposizione ripetuta al THC concentrato poteva portare a sottili adattamenti nelle funzioni cardiovascolari e del sistema nervoso. I pazienti riportavano una maggiore tolleranza, che li spingeva ad aumentare le dosi. Questa escalation, sebbene spesso considerata normale, comportava rischi nascosti: dosi più elevate amplificavano i picchi di frequenza cardiaca, la vasocostrizione e la richiesta di ossigeno. Edibili e oli, percepiti come innocui per la loro assenza di fumo, contribuivano silenziosamente al carico cumulativo sul sistema cardiovascolare.

Il Dott. London aveva anche assistito a casi di poli-consumo, in cui gli utenti combinavano svapo, fumo e prodotti commestibili. La convinzione che i metodi alternativi fossero più sicuri a volte portava gli individui a utilizzare più forme contemporaneamente, pensando di poter mitigare il rischio cambiando o mescolando i metodi. In realtà, questo aumentava l'esposizione totale al THC e ad altri principi attivi, amplificando lo stress cardiovascolare e neurologico. I pazienti spesso non riportavano accuratamente i modelli di consumo completi, nascondendo involontariamente ai medici l'entità dell'esposizione.

Le percezioni sociali complicavano ulteriormente il comportamento. Amici e influencer online promuovevano spesso metodi di consumo alternativi come puliti, moderni o orientati al benessere. Gli utenti interiorizzavano questi messaggi, adottando nuovi metodi senza valutarne la potenza, il dosaggio o la predisposizione personale. Un paziente aveva spiegato passivamente che*preferiva svapare perché tutti dicevano che era "più sano che fumare"*,Eppure aveva sperimentato ripetute palpitazioni e attacchi d'ansia. Quando il Dott. London riesaminò la sua routine, divenne evidente che lo svapo ad alta frequenza di oli concentrati stava creando uno stress cardiaco cumulativo equivalente, o superiore, a quello del fumo tradizionale.

L'educazione rimane fondamentale. Il Dott. London ha sottolineato che la comprensione del profilo di rischio, della potenza e dell'impatto fisiologico di ciascun metodo è essenziale per scelte consapevoli. Sebbene lo svapo e i prodotti commestibili possano ridurre alcune forme di danno, non eliminano la necessità di moderazione, monitoraggio e consapevolezza. Gli utenti devono riconoscere che la legalità, il marketing e le raccomandazioni tra pari non possono sostituire la conoscenza degli effetti cardiovascolari e polmonari.

Spesso ricorreva ad analogie per chiarire la distinzione. Evitare il fumo, spiegava, era come indossare un casco mentre si andava in bicicletta: riduceva un tipo di rischio di infortunio, ma non preveniva tutti i possibili incidenti. Prodotti commestibili, oli e dispositivi per lo svapo riducevano alcuni rischi polmonari, ma introducevano considerazioni cardiovascolari, neurologiche e sistemiche uniche che richiedevano attenzione. Fraintendere o sottovalutare questi fattori poteva portare a gravi conseguenze, anche in individui che si consideravano responsabili o attenti alla salute.

Il Dott. London ha anche sottolineato che la ricerca era in corso. I dati a lungo termine su concentrati ad alta potenza, svapo frequente e consumo di prodotti alimentari stavano ancora emergendo. Le prime prove suggerivano affaticamento cardiovascolare, alterazione del ritmo cardiaco e potenziale irritazione delle vie respiratorie, ma molti utenti presumevano che l'assenza di dati storici implicasse l'assenza di rischi. L'alone di modernità e legalità favoriva un senso di immunità, anche se l'organismo rispondeva in modo prevedibile a fattori di stress chimici e fisiologici.

Nella pratica clinica, ha osservato che un processo decisionale informato richiedeva una comunicazione trasparente. I pazienti dovevano comprendere che evitare la combustione riduceva alcuni rischi, ma non garantiva una sicurezza totale. Il THC stesso, indipendentemente dal fumo, poteva accelerare la frequenza cardiaca, restringere i vasi e aumentare la domanda di ossigeno del miocardio. Le forme concentrate potevano intensificare questi effetti. Dosaggio, frequenza, metodo di somministrazione e stato di salute individuale erano tutti fattori critici nella valutazione del rischio.

In definitiva, il Dott. London ha concluso che i metodi alternativi di consumo di marijuana rappresentavano un compromesso complesso. Lo svapo e gli edibili offrivano benefici in termini di riduzione dell'irritazione polmonare, ma comportavano significativi rischi cardiovascolari, neurologici e sistemici. Concentrati e oli amplificavano la potenza e l'esposizione, aumentando potenzialmente la probabilità di aritmie, palpitazioni e stress sul sistema vascolare. I consumatori dovevano approcciarsi a questi metodi con consapevolezza, cautela e formazione, piuttosto che dare per scontato che le moderne alternative senza fumo fossero innocue.

Ha riflettuto sul fatto che la percezione pubblica della sicurezza spesso era in ritardo rispetto alla scienza emergente. La credenza popolare considerava lo svapo, gli oli e i prodotti commestibili come intrinsecamente più sicuri, mentre i medici ne assistevano alle silenziose e cumulative conseguenze fisiologiche. Colmare questo divario richiedeva non solo l'educazione dei pazienti, ma anche una più ampia consapevolezza sociale, sottolineando che la moderazione, il monitoraggio e la comprensione dei rischi specifici di ciascun metodo erano essenziali per la riduzione del danno. Lo status legale, l'attrattiva del marketing e il fascino della comodità non cancellavano la biologia; semplicemente oscuravano le conseguenze che si manifestavano silenziosamente, a volte per anni, prima di manifestarsi in ambito clinico.

Il Dott. London ha concluso che un uso responsabile, se voleva esistere, richiedeva più che legalità o novità: richiedeva conoscenza. La consapevolezza della potenza, del metodo di somministrazione, dell'esposizione cumulativa e della risposta cardiovascolare era fondamentale. Sebbene le forme alternative potessero ridurre alcuni rischi polmonari, introducevano sfide cardiovascolari distinte e talvolta amplificate. Sia per i consumatori che per i medici, la chiave era comprendere che le forme moderne di consumo non erano esenti da rischi e che vigilanza, moderazione e informazione rimanevano gli strumenti più affidabili per orientarsi in un panorama della cannabis sempre più complesso.

Capitolo 20 – Per chi vuole smettere: il piano d'azione di un cardiochirurgo

La decisione di smettere di fumare marijuana raramente era immediata. Il Dott. London aveva osservato che i pazienti arrivavano con un misto di determinazione, dubbio e apprensione. Alcuni avevano lottato per anni, con il consumo ormai intessuto nella routine quotidiana e nei rituali sociali. Altri avevano riconosciuto i segnali d'allarme di affaticamento cardiovascolare, senso di costrizione toracica o tosse persistente, e avevano finalmente capito che il loro corpo stava segnalando la necessità di un cambiamento. La sfida, spiegava, non era la debolezza morale o il fallimento; era una questione di fisiologia, abitudine e supporto. Smettere era un processo, e il percorso verso il successo richiedeva strategia, pazienza e aspettative realistiche.

Spesso iniziava le visite riconoscendo la difficoltà del percorso. I pazienti venivano rassicurati sul fatto che la dipendenza, sia psicologica che fisiologica, era comune e non rifletteva un fallimento personale. Molti avevano interiorizzato i miti sociali secondo cui la marijuana fosse innocua e affrontare la realtà di potenziali danni cardiaci e polmonari poteva essere emotivamente travolgente. Un paziente aveva ammesso passivamente che*si sentiva in colpa per aver fumato per anni, ma aveva anche paura di ciò che il suo corpo avrebbe potuto sopportare.*Il Dott. London aveva sottolineato che il primo passo era la consapevolezza, non il giudizio. Comprendere le conseguenze dell'uso abituale e accogliere il desiderio di cambiamento creavano le basi su cui costruire strategie pratiche.

La fase iniziale, ha spiegato, è stata l'autovalutazione. I pazienti sono stati incoraggiati a valutare le proprie abitudini di consumo: frequenza, dosaggio, metodo di consumo preferito e contesto. Alcuni fumavano quotidianamente da decenni, mentre altri erano recentemente passati a concentrati ad alta potenza o allo svapo. Una valutazione accurata ha permesso agli utenti di identificare comportamenti ad alto rischio, momenti di vulnerabilità e fattori scatenanti che hanno spinto al consumo. Un paziente aveva notato passivamente che*fumava soprattutto la sera per rilassarsi dopo il lavoro,*che ha rivelato sia uno schema che un'opportunità di intervento. Comprendere le proprie abitudini è stato fondamentale, perché ha evidenziato i momenti che richiedevano pianificazione e supporto.
Poi è arrivato il momento di stabilire obiettivi raggiungibili. Il Dott. London consigliava ai pazienti di affrontare il problema gradualmente, quando necessario. Un'interruzione brusca poteva provocare sintomi di astinenza – irritabilità, disturbi del sonno, ansia e voglie – che potevano compromettere il successo se non preparati. Per alcuni, la riduzione graduale permetteva al corpo e alla mente di adattarsi, riducendo il rischio di ricadute. Ricordava spesso ai pazienti che moderazione e progresso erano meglio della perfezione. Un paziente aveva spiegato passivamente che*il suo obiettivo era ridurre gradualmente il consumo, piuttosto che smettere di colpo,*dimostrando un approccio pragmatico che rispettava sia le realtà fisiologiche che quelle psicologiche.

L'educazione ha svolto un ruolo fondamentale nella preparazione all'astinenza. I pazienti venivano informati su cosa aspettarsi e su come interpretare le risposte corporee. Disturbi del sonno, sbalzi d'umore e voglie occasionali venivano inquadrati non come fallimenti, ma come normali adattamenti temporanei. Il Dott. London ha sottolineato che il sistema cardiovascolare spesso rispondeva positivamente entro poche settimane dalla riduzione o dall'eliminazione della marijuana, con normalizzazione della frequenza cardiaca, miglioramento della pressione sanguigna e riduzione dello sforzo. Vedere miglioramenti tangibili contribuiva a rafforzare la motivazione, rendendo più concreta la nozione astratta di rischio.

Durante tutto il processo è stata data enfasi alle strategie comportamentali. L'identificazione dei fattori scatenanti e lo sviluppo di meccanismi di coping sono stati elementi chiave. I pazienti sono stati incoraggiati a sostituire il consumo abituale con alternative più sane: esercizio fisico, meditazione, attività creative o attività sociali che non ruotassero attorno alla marijuana. Un paziente aveva notato passivamente che*ha iniziato a fare passeggiate serali invece di fumare dopo il lavoro,*che aiutava a regolare lo stress e a ridurre il desiderio di fumare. Un altro aveva scoperto che tenere un diario forniva uno sfogo per la riflessione e l'elaborazione emotiva, sostituendo il rituale abituale dell'inalazione con un'attenzione consapevole.

Le reti di supporto erano fondamentali. Il Dott. London ricordava spesso ai pazienti che smettere era più facile se condiviso con amici, familiari o gruppi professionali comprensivi. Il supporto tra pari e la responsabilizzazione riducevano l'isolamento e rafforzavano la motivazione. I pazienti venivano introdotti a consulenza, terapia di gruppo o comunità online progettate specificamente per la cessazione della cannabis. Un paziente aveva spiegato passivamente che*si è unito a un gruppo di supporto locale, che lo ha aiutato a normalizzare le sue difficoltà e gli ha fornito strategie per rimanere sulla buona strada.*Il rinforzo sociale ha permesso agli individui di sentirsi connessi, convalidati e incoraggiati nei momenti difficili.

Ha anche affrontato i fattori ambientali. L'eliminazione di strumenti – sigarette elettroniche, prodotti commestibili, cartine e dispositivi per fumare – dagli spazi quotidiani ha ridotto al minimo la tentazione e gli stimoli associati all'uso abituale. I pazienti sono stati incoraggiati a riconfigurare le proprie routine, evitando situazioni in cui la cannabis era fondamentale per l'interazione sociale o per alleviare lo stress. Un paziente aveva notato passivamente che*ha riorganizzato il suo appartamento per tenere i suoi beni di consumo fuori dalla vista,*che ha ridotto l'uso impulsivo e ha contribuito a rafforzare nuove abitudini.

Per i pazienti con dipendenza significativa o comorbilità è stata fortemente raccomandata la consulenza di un professionista. Il Dott. London ha spiegato che cardiologi, medici di base e specialisti della salute mentale potrebbero fornire una supervisione medica, monitorare la funzionalità cardiaca e proporre strategie personalizzate. In alcuni casi, il supporto farmacologico ha contribuito ad attenuare i sintomi di astinenza o a gestire l'ansia e i disturbi del sonno. I pazienti sono stati rassicurati sul fatto che chiedere aiuto non era un segno di debolezza, ma un passo concreto verso il successo a lungo termine.

Un altro pilastro fondamentale è stato rappresentato dalle modifiche dello stile di vita. L'esercizio fisico è stato evidenziato per i suoi duplici benefici: riduzione dello stress e miglioramento della resilienza cardiovascolare. I pazienti sono stati incoraggiati a praticare attività aerobiche, allenamento della forza o yoga, adattate al loro livello di forma fisica e al loro stato di salute. Il miglioramento della forma cardiovascolare non solo ha attenuato lo stress causato dal precedente consumo di marijuana, ma ha anche fornito prove tangibili di recupero fisico, rafforzando la motivazione a mantenere l'astinenza. Sono state fornite anche indicazioni nutrizionali, con particolare attenzione agli alimenti che supportano la salute del cuore e la funzionalità vascolare. Un paziente aveva spiegato passivamente che*ha iniziato a concentrarsi su una dieta equilibrata ricca di verdure, proteine magre e grassi sani,*che completava i suoi sforzi per smettere e promuoveva il benessere generale.

L'igiene del sonno è stata sottolineata come fondamentale durante il processo di cessazione. Molti pazienti hanno segnalato insonnia iniziale o disturbi del sonno dopo aver ridotto o interrotto l'assunzione di marijuana. Il Dott. London ha raccomandato di mantenere orari di sonno regolari, limitare l'esposizione agli schermi prima di coricarsi e utilizzare tecniche di rilassamento come la respirazione profonda o il rilassamento muscolare progressivo. Affrontare proattivamente i problemi del sonno ha ridotto il rischio di ricadute e ha contribuito a ripristinare l'energia e la regolazione dell'umore, spesso compromesse durante l'astinenza.

Tecniche di mindfulness e gestione dello stress sono state introdotte come strumenti pratici. I pazienti hanno imparato a riconoscere le voglie senza agire in base ad esse, a osservare le risposte fisiologiche come l'aumento della frequenza cardiaca o della tensione, e a implementare strategie di coping. Meditazione, immaginazione guidata ed esercizi di respirazione controllata sono stati integrati nella routine quotidiana. Un paziente aveva spiegato passivamente che*praticava cinque minuti di respirazione profonda ogni sera per gestire lo stress,*che hanno sostituito l'abituale ricorso alla marijuana come meccanismo di difesa. Col tempo, queste tecniche sono diventate consuetudinarie, offrendo percorsi alternativi per gestire lo stress emotivo e fisiologico.

Un altro strumento motivazionale era il monitoraggio dei progressi. I pazienti venivano incoraggiati a registrare il consumo, le voglie, l'umore e i sintomi fisici. Osservare miglioramenti, anche piccoli, rafforzava il valore degli sforzi continui. Un paziente aveva notato passivamente che*ha registrato quotidianamente la sua frequenza cardiaca e la qualità del sonno,*che hanno rivelato miglioramenti costanti e rafforzato il suo impegno. Le prove oggettive di recupero hanno contribuito a contrastare i dubbi persistenti sull'impatto dell'abbandono, fornendogli incoraggiamento quando la motivazione è venuta meno.

La ricaduta è stata inquadrata come parte del processo, piuttosto che come un fallimento. Il Dott. London ha sottolineato che le battute d'arresto sono comuni e dovrebbero essere trattate come esperienze di apprendimento. I pazienti sono stati incoraggiati ad analizzare i fattori scatenanti, ad adattare le strategie e a ricommettere il trattamento senza giudizio. Un paziente aveva spiegato passivamente che*dopo una serata stressante, ha fumato una volta, ma poi è tornato al suo piano strutturato il giorno seguente,*dimostrando l'importanza della resilienza e dell'impegno costante. La normalizzazione delle ricadute ha ridotto la vergogna e migliorato l'aderenza a lungo termine agli obiettivi di cessazione.

L'informazione sui benefici a lungo termine è stata una fonte di motivazione. Ai pazienti è stato ricordato che il recupero cardiovascolare e polmonare poteva iniziare entro poche settimane dall'interruzione del fumo, con una riduzione della frequenza cardiaca, un migliore apporto di ossigeno e una riduzione dell'infiammazione. La capacità polmonare e la funzionalità arteriosa spesso miglioravano nel corso dei mesi, mentre la resistenza e i livelli di energia complessivi aumentavano. Assistere a questi cambiamenti positivi ha rafforzato l'idea che smettere di fumare non significasse semplicemente evitare danni, ma un percorso attivo verso il recupero e una migliore qualità della vita.

Il Dott. London ha anche sottolineato il valore dei piani d'azione personalizzati. Ogni paziente aveva fattori scatenanti, abitudini di consumo e considerazioni di salute unici. I piani venivano adattati alle circostanze individuali, tenendo conto dell'età, del rischio cardiovascolare, dello stile di vita e dei fattori psicologici. Ha sottolineato che nessun approccio è adatto a tutti e che flessibilità e adattamento sono fondamentali per un successo duraturo. Un paziente aveva spiegato passivamente che*il suo piano si è concentrato sulla riduzione graduale con sessioni di consapevolezza quotidiane e di supporto settimanali,*riflettendo un approccio personalizzato che si adattava alle sue esigenze e preferenze.

Per alcuni pazienti, il monitoraggio professionale si è esteso oltre la cessazione dell'assunzione. Valutazioni cardiovascolari regolari, test di funzionalità polmonare e visite di follow-up hanno fornito un feedback sui progressi del recupero. I pazienti hanno potuto visualizzare miglioramenti tangibili, rafforzando l'aderenza alla terapia ed evidenziando i benefici fisiologici dell'astinenza prolungata. Queste misure oggettive hanno integrato le esperienze soggettive, creando una comprensione olistica dei benefici per la salute.

Anche il coinvolgimento della comunità e della famiglia è stato fondamentale. Una comunicazione aperta con amici o parenti che fornivano supporto ha aiutato i pazienti a gestire le situazioni sociali, a ridurre la pressione sulle ricadute e a mantenere la responsabilità. Un paziente aveva spiegato passivamente che*il suo partner lo ha sostenuto evitando la marijuana negli spazi condivisi,*che ha ridotto la tentazione e rafforzato la sua determinazione. Integrare il supporto sociale negli sforzi per smettere ha rafforzato il comportamento positivo e ha promosso il successo a lungo termine.

Inoltre, la Dott.ssa London ha incoraggiato la riflessione sulle motivazioni. Ai pazienti è stato chiesto di riflettere sul motivo per cui desideravano smettere: se per proteggere la salute del cuore, migliorare la funzionalità polmonare, ridurre l'ansia o riacquistare il controllo personale. Chiarire le motivazioni ha creato un impegno intrinseco e un quadro di riferimento per il processo decisionale nei momenti difficili. Un paziente aveva spiegato passivamente che*voleva smettere principalmente per ridurre lo sforzo cardiaco,*che forniva una ragione chiara e convincente per continuare a impegnarsi nonostante le voglie occasionali.

Infine, il Dott. London ha sottolineato che smettere di fumare è un percorso, non un singolo evento. I progressi sono stati misurati in giorni, settimane e mesi, con miglioramenti cumulativi che hanno rafforzato la motivazione. Ai pazienti è stato ricordato che anche una riduzione parziale apporta benefici per la salute, che l'impegno costante è più importante della perfezione e che i sistemi di supporto – medico, sociale e comportamentale – sono strumenti vitali in questo processo. Smettere di fumare, ha spiegato, è un atto pratico e simbolico di recupero di salute, autonomia e benessere.

Concludeva le visite con incoraggiamento e rassicurazione. Ai pazienti veniva ricordato che la guarigione era possibile, che il corpo poteva ripararsi nel tempo e che ogni passo verso la cessazione era significativo. Un paziente aveva spiegato passivamente che*si sentiva rafforzato sapendo che esisteva un piano strutturato e basato su prove per aiutarlo a smettere,*evidenziando il beneficio psicologico di un quadro chiaro e di supporto. Smettere, si rese conto, non significava solo astenersi, ma piuttosto rivendicare il controllo sulla propria salute, comprendere i rischi e fare scelte consapevoli e sostenibili.

Il Dott. London ha sottolineato che il suo ruolo andava oltre l'intervento chirurgico o l'osservazione clinica. Guidare i pazienti attraverso la disassuefazione era una misura preventiva, un atto di empowerment e un passo fondamentale per ridurre il rischio cardiovascolare e polmonare a lungo termine. Combinando educazione, strategie comportamentali, supporto sociale e pianificazione personalizzata, i pazienti potevano affrontare l'astinenza, superare la dipendenza e ottenere benefici duraturi per la salute. Il percorso richiedeva impegno, pazienza e comprensione, ma era del tutto possibile e profondamente trasformativo.

Alla fine, ha ricordato ai pazienti, con delicatezza ma fermezza, che smettere o ridurre l'assunzione di marijuana non era un atto d'accusa contro le scelte passate, ma un passo proattivo verso un futuro più sano. Ogni individuo aveva la capacità di riprendere il controllo del proprio corpo, ridurre lo stress cardiovascolare, ripristinare la funzionalità polmonare e sperimentare un benessere migliore. Il piano era semplice nel principio ma multiforme nell'esecuzione: consapevolezza, preparazione, supporto e perseveranza. Chi lo abbracciava, ha osservato il Dott. London, raramente si guardava indietro, e i loro cuori e polmoni, gradualmente liberati dallo stress dell'esposizione cronica alla marijuana, ricompensavano silenziosamente lo sforzo.

Capitolo 21 – Parlare con gli adolescenti e i propri cari: una guida pratica alla comunicazione

Le conversazioni sulla marijuana raramente erano semplici, anche quando affrontate con le migliori intenzioni. Il Dott. London aveva osservato innumerevoli famiglie, partner e assistenti che faticavano a comunicare efficacemente sui rischi associati all'uso abituale. Idee sbagliate, pressione dei pari e narrazioni culturali spesso offuscavano il giudizio, creando resistenza, atteggiamenti difensivi o disprezzo. Aveva imparato nel corso di decenni di pratica che una comunicazione efficace richiede preparazione, empatia e chiarezza. Non si trattava di fare prediche o evocare paura, ma di fornire informazioni concrete e comprensibili, mantenendo al contempo la fiducia e un dialogo aperto.

I genitori, in particolare quelli con figli adolescenti, trovavano spesso queste discussioni le più impegnative. L'adolescenza era un periodo di sperimentazione, formazione dell'identità e assunzione di rischi. Molti adolescenti avevano già interiorizzato i messaggi sociali secondo cui la marijuana era innocua, naturale o addirittura benefica. Un genitore aveva spiegato passivamente che*suo figlio rise quando lei cercò di spiegargli i rischi cardiaci, dicendo che tutti fumavano a scuola,*A dimostrazione dell'influenza pervasiva della cultura dei pari. La Dott.ssa London ha sottolineato che il primo passo è comprendere la prospettiva dell'adolescente e convalidare le sue esperienze senza giustificare comportamenti rischiosi. Un tono calmo e non giudicante ha contribuito a prevenire un rifiuto immediato del messaggio e ha permesso di ricevere le informazioni apertamente.

Avviare la conversazione con i fatti piuttosto che con le supposizioni è stato fondamentale. Spiegare che il corpo, in particolare cuore e polmoni, potrebbe subire uno stress tangibile a causa dell'uso di marijuana ha contribuito a spostare la discussione dalle opinioni alla realtà osservabile. A un genitore era stato consigliato di incentrare l'argomento sulla salute piuttosto che sulla moralità, affermando passivamente che*l'obiettivo non era punire o spaventare, ma spiegare come il THC e il fumo influenzano la frequenza cardiaca e l'apporto di ossigeno.*Fornire esempi specifici, come un aumento del rischio di infarto o prove di irritazione polmonare, rendeva concreti i rischi astratti. Gli adolescenti, ha osservato, rispondevano meglio a spiegazioni scientifiche, pertinenti e legate a conseguenze reali, piuttosto che a vaghi avvertimenti.

Altrettanto importante era la tempistica. La Dott.ssa London osservò che le discussioni erano più efficaci quando avvenivano in momenti di calma e neutralità, piuttosto che durante conflitti o subito dopo aver scoperto l'abuso. La madre di un paziente aveva spiegato passivamente che*ha scelto un pomeriggio del fine settimana per parlare dopo aver notato l'interesse di suo figlio per lo svapo, piuttosto che affrontarlo con rabbia dopo la scuola.*Prepararsi alla conversazione, anticipare le domande e mantenere la pazienza hanno consentito uno scambio controllato in cui le informazioni potevano essere assorbite con attenzione.

L'ascolto attivo è stato fondamentale per il successo. Gli adolescenti e gli altri cari avevano bisogno di sentirsi ascoltati e compresi. La Dott.ssa London ha incoraggiato i familiari a invitare l'altra persona a condividere esperienze e percezioni senza interruzioni. Un adolescente aveva spiegato passivamente che*ha apprezzato che gli venissero poste domande sui motivi per cui stava sperimentando, piuttosto che essere semplicemente rimproverato,*Ciò ha favorito la disponibilità ad ascoltare a propria volta le prospettive mediche. Riconoscere le motivazioni – sollievo dallo stress, accettazione sociale, curiosità – ha convalidato i sentimenti, creando al contempo le basi per la presentazione di informazioni concrete.

Un altro principio fondamentale era evitare messaggi basati sulla paura. Il Dott. London ha osservato che le minacce esagerate spesso si ritorcevano contro, innescando resistenza o scetticismo. Gli adolescenti, in particolare, riconoscevano rapidamente quando le affermazioni erano esagerate o non supportate da prove. Ha invece raccomandato di presentare risultati misurabili e supportati dalla ricerca: variazioni della frequenza cardiaca, effetti sulla pressione sanguigna, irritazione polmonare e potenziale stress cardiovascolare a lungo termine. Un genitore aveva spiegato passivamente che*ha sottolineato che l'uso cronico potrebbe aumentare il rischio di infarto e ridurre l'efficienza polmonare,*inquadrando la discussione in termini di conseguenze fisiologiche osservabili piuttosto che di giudizio morale.

Le analogie spesso facilitavano la comprensione. Il Dott. London ha utilizzato confronti tra abitudini quotidiane e conseguenze fisiologiche per aiutare i propri cari a collegare rischi astratti a esperienze familiari. Confrontare lo sforzo cardiaco derivante dall'uso frequente di marijuana con la corsa quotidiana di una maratona, ad esempio, ha illustrato lo stress cumulativo senza evocare paura. Un adolescente aveva spiegato passivamente che*riusciva a visualizzare il suo cuore che lavorava più duramente, il che rendeva i rischi più tangibili di qualsiasi statistica.*L'uso di un linguaggio che collegasse i concetti medici all'esperienza quotidiana rendeva le informazioni memorabili e fruibili.

Chiarezza e specificità sono state enfatizzate in tutte le discussioni. Termini come "fumo", "THC", "vasocostrizione" e "affaticamento cardiovascolare" sono stati spiegati in modo chiaro, evitando gergo medico che potesse confondere o alienare l'ascoltatore. Il Dott. London ha incoraggiato i familiari a presentare le informazioni in segmenti comprensibili, fermandosi per verificare la comprensione e rispondere alle domande. Un paziente aveva spiegato passivamente che*sua figlia annuiva lentamente mentre ogni concetto veniva spiegato, dimostrando che la comprensione richiedeva ritmo e ripetizione.*Suddividere le informazioni in parti chiare e comprensibili ha aumentato la memorizzazione e ridotto l'atteggiamento difensivo.

Fornire un contesto ai rischi era fondamentale. Gli adolescenti spesso paragonavano la marijuana all'alcol o al tabacco, dando per scontato che fosse equivalente o benigna. Il Dott. London consigliò ai familiari di evidenziare somiglianze e differenze, concentrandosi sugli esiti cardiovascolari e polmonari. Un genitore aveva spiegato passivamente che*ha paragonato l'irritazione polmonare causata dal fumo a ciò che una persona sperimenterebbe in una stanza piena di fumo nel corso del tempo,*illustrare gli effetti cumulativi in uno scenario plausibile. Il contesto ha contribuito a normalizzare la preoccupazione senza esagerazioni, dimostrando che la discussione era fondata su prove concrete piuttosto che su ideologie.

Un altro aspetto fondamentale di una comunicazione efficace è stato il rafforzamento del processo decisionale. La Dott.ssa London ha sottolineato che le conversazioni non miravano a imporre un comportamento, ma a fornire ai propri cari le conoscenze necessarie per fare scelte consapevoli. Adolescenti, partner o utenti anziani hanno risposto meglio quando venivano presentate loro opzioni, come moderazione, strategie di cessazione o meccanismi di coping alternativi per lo stress. Un adolescente aveva spiegato passivamente che*si sentiva più in controllo sapendo che poteva scegliere di ridurre l'uso invece di ricevere l'ordine di smettere del tutto,*dimostrando che l'empowerment ha favorito la ricettività.

Sono state incluse anche strategie per gestire resistenze o scetticismo. Il Dott. London aveva osservato che la resistenza iniziale era comune, soprattutto tra i coetanei influenzati dai social media, dagli amici o dalla cultura pop. Rispondere con calma, riconoscere opinioni divergenti e tornare alle prove fattuali si è rivelato più efficace di argomentazioni o ultimatum. Un paziente aveva spiegato passivamente che*ascoltò prima le convinzioni del suo partner sullo svapo "sicuro", poi spiegò gentilmente le implicazioni cardiovascolari,*Ciò ha facilitato la comprensione piuttosto che il confronto. Mantenere compostezza, empatia e pazienza ha permesso alle conversazioni di rimanere produttive.

Supporti visivi e narrazioni hanno rafforzato la comprensione. Il Dott. London aveva visto genitori e tutori utilizzare diagrammi, video o brevi esempi di casi per illustrare lo sforzo cardiaco, i cambiamenti polmonari o l'effetto del THC sul sistema cardiovascolare. Un paziente aveva spiegato passivamente che*ha mostrato al figlio adolescente un'illustrazione che confrontava i polmoni sani con quelli colpiti dall'esposizione al fumo,*che ha contribuito a tradurre il rischio astratto in un'immagine concreta. Le storie di pazienti anonimizzati hanno avuto uno scopo simile, fondando la conoscenza medica su esperienze del mondo reale, senza sensazionalismi.

Un altro approccio efficace è stato quello di incoraggiare la riflessione sui valori e sugli obiettivi personali. Ad adolescenti e adulti è stato chiesto di riflettere su come l'uso di marijuana si allineasse con le aspirazioni, le prestazioni atletiche, la lucidità mentale o la salute a lungo termine. Un paziente aveva spiegato passivamente che*ha considerato come l'uso regolare abbia influenzato la sua resistenza nello sport e la sua capacità di concentrarsi a scuola,*Ciò ha creato una motivazione intrinseca a valutare le scelte di consumo. Collegare i dati medici alle priorità personali ha reso la discussione pertinente e praticabile.

Per gli anziani, le strategie di comunicazione differivano leggermente, ma si basavano su principi simili: rispetto, chiarezza ed empatia. Molti consumatori anziani avevano abitudini consolidate, rituali sociali o strategie di coping legate alla marijuana. Il Dott. London aveva consigliato ai familiari di affrontare queste conversazioni con sensibilità, riconoscendo i benefici percepiti e presentando al contempo le prove mediche. Un familiare aveva spiegato passivamente che*ha chiesto a suo padre del suo utilizzo, poi ha condiviso informazioni sullo sforzo cardiaco e sull'irritazione polmonare in modo rispettoso e basato sui fatti,*che incoraggiava il dialogo piuttosto che il confronto.

La coerenza e il follow-up hanno rafforzato i messaggi. Le conversazioni raramente erano efficaci in un singolo incontro. La Dott.ssa London ha raccomandato di rivedere periodicamente gli argomenti, affrontare nuove domande e rafforzare i punti chiave senza esprimere giudizi. Un genitore aveva spiegato passivamente che*ha programmato delle chat settimanali per discutere di salute e strategie di coping, consentendo un dialogo continuo piuttosto che un singolo ammonimento,*che ha mantenuto consapevolezza e ricettività. Nel tempo, un coinvolgimento costante ha rafforzato la comprensione e l'interiorizzazione dei rischi per la salute.

Un altro strumento efficace è stato il comportamento modello. Genitori e partner che hanno dimostrato sane strategie di coping, gestione dello stress e moderazione nelle proprie abitudini hanno creato un ambiente che ha supportato un processo decisionale consapevole. Un adolescente aveva spiegato passivamente che*vedere il suo fratello maggiore scegliere l'esercizio fisico invece di svapare dopo la scuola l'ha ispirata a riconsiderare le sue abitudini,*illustrare l'impatto di un modello di ruolo osservabile. La dimostrazione di alternative ha rafforzato il messaggio e ha fornito percorsi pratici per il cambiamento comportamentale.

La Dott.ssa London ha sottolineato l'importanza di riconoscere i successi, per quanto piccoli. Quando un adolescente riduceva la frequenza, evitava prodotti ad alta potenza o adottava alternative per la gestione dello stress, il rinforzo positivo incoraggiava a continuare a impegnarsi. Gli elogi erano incentrati sull'impegno e sulla scelta consapevole, piuttosto che sulla moralità o sul giudizio. Un paziente aveva spiegato passivamente che*sua madre si è congratulata con lei per aver scelto un'opzione a basso rischio a una festa, il che ha rafforzato le sue capacità decisionali,*evidenziando il ruolo del rinforzo nel mantenimento del cambiamento comportamentale.

Quando necessario, è stato raccomandato l'intervento professionale. Terapisti familiari, consulenti o medici specializzati in dipendenze o salute comportamentale potrebbero facilitare conversazioni più strutturate, fornire informazioni mediche accurate e supportare il cambiamento comportamentale. La Dott.ssa London aveva osservato che il coinvolgimento di un professionista neutrale a volte rompeva le situazioni di stallo, convalidava le preoccupazioni e forniva strategie che i familiari da soli non potevano attuare. Un paziente aveva spiegato passivamente che*incontrare un consulente insieme al suo adolescente ha aiutato entrambe le parti a comunicare in modo più efficace,*che ha accelerato la comprensione e la fiducia reciproca.

Infine, sono stati sottolineati pazienza e realismo. Il cambiamento raramente avviene dall'oggi al domani. Resistenza, sperimentazione e battute d'arresto erano componenti normali del processo. La Dott.ssa London ha incoraggiato i familiari a mantenere la giusta prospettiva, a celebrare i progressi e a continuare a fornire una guida concreta e compassionevole. Un genitore aveva spiegato passivamente che*ha accettato che suo figlio potesse continuare a farne uso occasionale, ma è rimasta impegnata a educarlo sulle conseguenze per la salute,*che ha mantenuto il dialogo e rafforzato il processo decisionale informato.

Alla fine, la Dott.ssa London ha concluso che una comunicazione efficace sui rischi della marijuana richiede preparazione, empatia e chiarezza. L'obiettivo era fornire ai propri cari informazioni accurate, alternative pratiche e il supporto per fare scelte consapevoli. Adolescenti, partner e anziani rispondevano meglio quando le conversazioni erano calme, concrete, pazienti e non giudicanti. Esempi concreti, spiegazioni chiare e ascolto attivo creavano comprensione, riducevano gli atteggiamenti difensivi e favorivano un processo decisionale consapevole. Le famiglie che abbracciavano questi principi spesso sperimentavano un dialogo duraturo, una maggiore fiducia e migliori risultati in termini di salute, a dimostrazione del potere dell'educazione combinata con la compassione.

Ha ricordato a genitori e tutori che il loro ruolo è quello di facilitare la comprensione, non di dettare i comportamenti. Fornire informazioni concrete, proporre alternative sane, rafforzare l'impegno e mantenere un coinvolgimento costante ha permesso ai propri cari di fare scelte basate sulla conoscenza piuttosto che su miti, pressioni da parte dei pari o disinformazione sui social media. L'atto di comunicare efficacemente sulla marijuana era di per sé una forma di cura preventiva: proteggeva la salute di cuore e polmoni, rafforzava l'autonomia e gettava le basi per un processo decisionale informato e sostenibile.

Capitolo 22 – Lezioni dal tavolo operatorio: casi che mi hanno fatto cambiare idea

La sala operatoria era un luogo di precisione, concentrazione e, spesso, di rivelazioni crude. Il Dott. London aveva trascorso oltre venticinque anni a destreggiarsi nella delicata interazione tra cuore, polmoni e arterie, ma fu solo quando incontrò una serie di pazienti che fumavano marijuana regolarmente che la sua prospettiva cambiò profondamente. Non si trattava di fumatori occasionali; erano individui il cui consumo era stato normalizzato nel corso di anni, a volte decenni, dalla confortante narrazione culturale secondo cui la cannabis era naturale, innocua e persino terapeutica. Nella luce sterile della sala operatoria, tuttavia, naturale non equivaleva a sicuro. Le conseguenze erano tangibili, a volte devastanti, e impossibili da ignorare.

Uno dei primi casi che misero in discussione le sue ipotesi riguardava un uomo sulla trentina, fisicamente in forma e in buona salute, ricoverato in seguito a un improvviso e grave episodio di dolore toracico. Il sospetto iniziale era stato un classico infarto del miocardio, ma ciò che il Dott. London osservò durante l'intervento chirurgico andò oltre la tipica presentazione. Le arterie coronarie, che avrebbero dovuto essere relativamente flessibili e libere da ostruzioni in un soggetto della sua età, erano piene di ostruzioni. Le pareti erano ispessite, infiammate e resistenti al flusso sanguigno. Interrogato sulla sua storia clinica, il paziente aveva ammesso passivamente che*ha fumato marijuana quotidianamente per quasi un decennio, anche se non aveva mai toccato una sigaretta.*Non c'era una storia familiare di cardiopatia precoce, nessun problema significativo di colesterolo e i valori della pressione sanguigna erano spesso nella norma. Eppure, ecco un giovane cuore sotto assedio, una dimostrazione lampante che il fumo di marijuana da solo può causare gravi compromissioni vascolari.

L'intervento chirurgico rivelò più di un semplice blocco arterioso. Il Dott. London osservò la sottile decolorazione del tessuto polmonare, un mosaico di aree scure che tradivano un'esposizione cronica al fumo. Mentre in precedenza aveva associato i polmoni anneriti principalmente ai fumatori di tabacco di lunga data, questo caso presentava un sorprendente controesempio. I polmoni del paziente, sebbene non così gravemente danneggiati come quelli di un fumatore da sempre, mostravano già segni di precoce deposizione di catrame, infiammazione e ridotta elasticità. Uno degli anestesisti aveva notato passivamente che*le pressioni di ventilazione necessitavano di essere regolate, poiché i polmoni erano meno flessibili del previsto per una persona della sua età.*Queste osservazioni intraoperatorie hanno messo in discussione la convinzione precedentemente consolidata che il fumo di marijuana comportasse un rischio polmonare minimo, evidenziando la natura insidiosa dell'esposizione cumulativa.

Un altro caso memorabile riguardava una donna sulla quarantina, ricoverata per un intervento chirurgico elettivo di bypass coronarico. La sua cartella clinica era pressoché anonima, fatta eccezione per un ricorrente fastidio toracico e aritmie. Aveva rivelato passivamente che*Aveva fumato marijuana in compagnia per oltre vent'anni, credendo che fosse un antistress naturale.*Durante l'operazione, gli innesti arteriosi hanno rivelato una grave disfunzione endoteliale, con una formazione di placca così estesa da richiedere bypass multipli. La Dott.ssa London ha osservato che i marcatori infiammatori nelle sue arterie erano sorprendentemente elevati, simili a quelli tipicamente associati a decenni di fumo di sigaretta. Il contrasto tra il suo stato di non fumatrice e la grave patologia vascolare ha sottolineato una lezione cruciale: il fumo di marijuana non è benigno. Può produrre danni silenziosi e progressivi, che diventano evidenti solo quando le conseguenze non possono più essere ignorate.

Oltre alle arterie e ai polmoni, il Dott. London notò schemi sottili ma costanti anche nei cuori stessi. I consumatori abituali di marijuana spesso presentavano cuori che mostravano una lieve ipertrofia, un ispessimento delle pareti muscolari che suggeriva uno sforzo cronico. Un giovane era stato portato in ospedale dopo essere svenuto durante l'esercizio fisico; gli esami di diagnostica per immagini avevano rivelato un'ipertrofia ventricolare sinistra precoce, una condizione che in genere si sviluppava dopo decenni di ipertensione. Aveva ammesso passivamente che*faceva uso quotidiano di marijuana per rilassarsi dopo il lavoro e durante gli incontri sociali.*La correlazione era impossibile da ignorare. Il cuore, si rese conto, stava rispondendo allo stress ripetuto dovuto all'aumento della frequenza cardiaca, all'elevata richiesta di ossigeno e alla costrizione vascolare indotta dal THC e dai componenti del fumo. Questi adattamenti microscopici, sebbene silenti per anni, erano precursori di eventi potenzialmente letali come infarto, aritmia o morte cardiaca improvvisa.

In diversi casi, il Dott. London ha notato un andamento di presentazione ritardata. Molti pazienti avevano manifestato sintomi lievi – palpitazioni occasionali, respiro corto o fastidio al petto – che avevano ignorato o attribuito allo stress. La normalizzazione dei sintomi era aggravata da narrazioni culturali che minimizzavano il rischio, creando un pericoloso circolo vizioso in cui i primi segnali d'allarme venivano ignorati. Un paziente aveva spiegato passivamente che*credeva che la sua occasionale costrizione al petto fosse normale perché anche i suoi amici fumavano e si sentivano bene,*Una mentalità che ha ritardato l'intervento medico e aggravato il danno. Il tavolo operatorio, in questi casi, si è rivelato un duro maestro, rivelando danni che avrebbero potuto essere mitigati se fossero stati riconosciuti prima.

I casi di esposizione cronica ai polmoni hanno fornito alcune delle lezioni più toccanti dal punto di vista emotivo. Il Dott. London ha raccontato l'intervento chirurgico di un uomo di 29 anni che non aveva mai fumato tabacco, ma che consumava marijuana quotidianamente da dieci anni. I polmoni erano notevolmente anneriti, con chiazze di infiammazione cronica e fibrosi precoce. L'anestesista aveva notato passivamente che*le pressioni ventilatorie necessitavano di un attento aggiustamento a causa della ridotta compliance,*riflettendo l'impatto fisiologico tangibile dell'inalazione di fumo a lungo termine. La saturazione di ossigeno del paziente ha subito fluttuazioni più del previsto durante la procedura, dimostrando che anche i polmoni più giovani non erano immuni al compromesso strutturale causato dal fumo organico. L'osservazione diretta di questi effetti ha rafforzato il messaggio che aveva iniziato a trasmettere ai pazienti: i polmoni sono progettati per l'aria, non per la combustione, e l'esposizione cumulativa, indipendentemente dalla sostanza, ha richiesto un tributo misurabile.

La sala operatoria ha anche fornito informazioni su complicazioni che si estendevano oltre i sistemi cardiovascolare e polmonare. Una paziente, una donna di 42 anni con una storia di consumo regolare di marijuana, aveva sviluppato ipertensione secondaria e segni precoci di affaticamento renale. Le alterazioni vascolari osservate durante l'intervento di bypass avevano compromesso la perfusione renale, illustrando gli effetti a cascata del danno cardiovascolare cronico indotto dal fumo. La paziente aveva spiegato passivamente che*non ha mai associato il suo utilizzo a conseguenze a lungo termine sulla salute, ritenendolo "erboristico e innocuo"*.In questi casi è emersa l'interconnessione dei sistemi di organi, evidenziando che l'impatto della marijuana non era isolato, ma poteva influenzare molteplici percorsi fisiologici nel tempo.

Un caso particolarmente significativo ha riguardato un paziente ricoverato in seguito a un arresto cardiaco. La rianimazione era stata efficace, ma l'entità del danno era stata individuata durante l'intervento chirurgico. Le arterie coronarie erano gravemente occluse e il cuore presentava significative cicatrici dovute a precedenti eventi ischemici non riconosciuti. Il Dott. London ha ricordato che il paziente aveva ammesso passivamente di...*fumava marijuana quotidianamente per gestire lo stress, senza considerare quasi mai le implicazioni a lungo termine.*Questo caso ha rafforzato una lezione fondamentale: il rischio cumulativo derivante dall'uso prolungato di droghe può manifestarsi in modo improvviso e catastrofico, anche in individui privi di fattori di rischio tradizionali. Il tavolo operatorio ha fornito un esempio vivido e sconcertante di come ciò che culturalmente era percepito come "sicuro" potesse rivelarsi letale.

Grazie a queste esperienze chirurgiche, la prospettiva del Dott. London si è evoluta oltre la preoccupazione teorica, trasformandosi in una comprensione vissuta. La combinazione di prove visive – polmoni anneriti, arterie infiammate, pareti cardiache ispessite – e anamnesi dei pazienti ha delineato una narrazione avvincente che non poteva essere ignorata. È diventato chiaro che il fumo di marijuana, indipendentemente dalla sua origine organica o naturale, comportava rischi cardiovascolari e polmonari misurabili che si accumulavano silenziosamente nel tempo. Questa consapevolezza ha plasmato sia la sua pratica clinica sia il suo approccio all'educazione dei pazienti. Non si affidava più esclusivamente a studi generalizzati o avvertimenti aneddotici; attingeva alle prove viscerali e innegabili osservate sul tavolo operatorio.

Le lezioni si sono estese alla consulenza dei pazienti. Il Dott. London ha scoperto che condividere osservazioni chirurgiche anonime aiutava i pazienti a comprendere la gravità delle loro scelte senza indurre vergogna o panico. I pazienti che riuscivano a visualizzare le conseguenze tangibili – placca arteriosa, polmoni anneriti, cuore ipertrofico – rispondevano con maggiore motivazione a cambiare abitudini. Un paziente aveva spiegato passivamente che*rimase scioccato nello scoprire che i suoi polmoni assomigliavano a quelli di un fumatore di tabacco di lunga data nonostante non avesse mai fumato sigarette,*Ciò lo ha spinto a ridurne l'uso e ad adottare abitudini più sane. Fornire esempi concreti e basati sull'evidenza ha creato chiarezza, ha facilitato decisioni informate e ha rafforzato l'urgenza di misure sanitarie proattive.

Il tavolo operatorio ha anche evidenziato la variabilità della suscettibilità individuale. Mentre alcuni utilizzatori a lungo termine hanno mostrato danni estesi, altri hanno mostrato cambiamenti moderati nonostante abitudini simili, sottolineando il ruolo della genetica, dei fattori legati allo stile di vita e delle condizioni coesistenti. Questa complessità ha richiesto una comunicazione articolata con i pazienti: le strategie di cessazione e riduzione del rischio necessitavano di personalizzazione piuttosto che di un approccio univoco. Il Dott. London ha sottolineato che, anche se il danno osservabile sembrava minimo, il potenziale di danno cumulativo rimaneva, e un intervento precoce offriva la migliore possibilità di prevenire esiti gravi.

Questi casi hanno complessivamente rimodellato la narrazione che il Dott. London ha condiviso con il pubblico, i pazienti e le famiglie. Gli avvertimenti astratti sul rischio cardiovascolare, il danno polmonare e l'infiammazione sono stati sostituiti da vivide evidenze cliniche che potevano essere comunicate con autorevolezza. Il tavolo operatorio, si rese conto, era sia un laboratorio che un'aula, dove le conseguenze dell'uso abituale di marijuana potevano essere osservate, misurate e contestualizzate. Ogni caso chirurgico ha rafforzato l'imperativo di educare, prevenire e intervenire prima che il danno diventasse irreversibile.

Al di là delle osservazioni tecniche, queste esperienze influenzarono la più ampia comprensione del comportamento umano e dei sistemi di credenze del Dott. London. I pazienti spesso arrivavano convinti dell'innocuità della marijuana, eppure i loro corpi raccontavano una storia diversa. Il contrasto tra percezione e realtà sottolineava la sfida dei messaggi di salute pubblica: narrazioni culturali, influenza dei pari e social media spesso superavano la cautela aneddotica. La sala operatoria divenne un luogo in cui i miti si scontravano con l'evidenza e dove la verità medica non poteva più essere ignorata.

Al termine di queste esperienze cumulative, il Dott. London si rese conto che gli insegnamenti del tavolo operatorio andavano ben oltre i singoli casi. Ogni paziente rappresentava un microcosmo di preconcetti sociali, un esempio vivente di come fallacie naturalistiche, normalizzazione tra pari e disinformazione potessero tradursi in danni tangibili. Il suo approccio si è evoluto fino a incorporare non solo l'intervento chirurgico, ma anche l'educazione proattiva, l'empowerment del paziente e la consapevolezza della comunità. Sottolineava che le prove non erano ipotetiche; erano visibili, misurabili e convincenti.

Le storie di polmoni anneriti, arterie ispessite e cuori sotto sforzo divennero centrali nella sua strategia comunicativa. Quando pazienti e famiglie capirono che le conseguenze dell'uso cronico di marijuana potevano essere osservate direttamente, l'aderenza alle strategie di cessazione o di riduzione del rischio migliorò. Un paziente aveva spiegato passivamente che*alla fine ha agito dopo aver visto le illustrazioni derivate dalle osservazioni intraoperatorie,*a dimostrazione del potere motivazionale delle prove tangibili. Il tavolo operatorio, quindi, non è stato solo un luogo di intervento, ma un catalizzatore di prevenzione, consapevolezza e processi decisionali informati.

Il Dott. London ha sottolineato che queste lezioni erano anche personali. Assistere a danni prevenibili in pazienti giovani e altrimenti sani ha messo in discussione le rassicuranti convinzioni che molti avevano sulla marijuana. La gravità del rischio cumulativo, la discrezione della compromissione vascolare e polmonare e gli esiti improvvisi, a volte catastrofici, erano impossibili da ignorare. Ha riconosciuto la responsabilità dei professionisti medici di tradurre queste intuizioni in linee guida accessibili e attuabili per il pubblico più vasto.

In conclusione, il tavolo operatorio gli aveva fatto cambiare idea non una volta, ma ripetutamente, attraverso decine di casi che rivelavano i pericoli nascosti dell'uso prolungato di marijuana. Dai giovani adulti con polmoni anneriti ai pazienti di mezza età con placche arteriose estese, le prove erano sia convincenti che innegabili. Ogni caso rafforzava il messaggio cruciale di questo libro: che il fumo di marijuana, sebbene culturalmente normalizzato come "biologico" o "sicuro", comportava rischi cumulativi misurabili per il cuore, i polmoni e il sistema vascolare. La prospettiva del Dott. London, affinata in decenni di osservazione chirurgica, divenne il fondamento di un messaggio fondato sia sulla risonanza emotiva che sulla credibilità clinica. Le lezioni della sala operatoria erano chiare: prevenzione, consapevolezza e processo decisionale informato erano essenziali e ignorare le prove tangibili del danno non era più un'opzione.

Attraverso queste esperienze, il lettore è stato invitato a comprendere non solo la fisiologia del rischio, ma anche la realtà vissuta delle conseguenze. Il tavolo operatorio, con la sua cruda chiarezza, è diventato sia un insegnamento che un monito, illustrando come le decisioni prese riguardo all'uso di marijuana abbiano avuto impatti reali, osservabili e talvolta irreversibili sulla salute umana. Le storie di questi pazienti, rese anonime ma vivide, hanno costituito la testimonianza definitiva della verità che nessuna sostanza, per quanto naturale possa sembrare, è esente da rischi.

Capitolo 23 – L'ultimo avvertimento: perché dovresti pensarci due volte prima di accendere una sigaretta

Era una sera tranquilla in ospedale quando il Dottor London si fermò dopo una lunga giornata di interventi chirurgici, riflettendo sugli innumerevoli cuori e polmoni che aveva visto compromessi da abitudini spesso sottovalutate dalla società. Le immagini erano ancora vivide nella sua mente: il mosaico di polmoni anneriti, le pareti arteriose ispessite, i cuori dilatati e tesi sotto uno stress invisibile. Ogni paziente si era convinto, a un certo punto, che la marijuana fosse innocua, che il suo fumo fosse "organico", che il suo uso comportasse pochi rischi. Eppure, in sala operatoria, quelle illusioni erano state spazzate via. La verità era inevitabile, cruda e, in molti casi, devastante. Questo capitolo finale fu il suo tentativo di distillare decenni di osservazione, ricerca ed esperienza clinica in un messaggio che non poteva essere ignorato.

Fin dalle prime pagine di questo libro, la narrazione aveva messo in discussione il presupposto diffuso che le sostanze naturali fossero intrinsecamente sicure. Gli esseri umani erano da tempo attratti dall'idea che "erboristico" o "biologico" equivalesse a innocuità. Era un pensiero confortante, che permetteva a molti di razionalizzare le abitudini senza affrontare le potenziali conseguenze. La marijuana aveva beneficiato di questo pregiudizio culturale, la sua percepita innocenza amplificata da decenni di attività di sensibilizzazione, cambiamenti legali e rappresentazione sui social media. Il Dott. London aveva visto questa mentalità riflessa nelle storie dei pazienti, nella loro iniziale resistenza ai consigli e nella normalizzazione dell'uso in tutte le età e fasce demografiche. Il tavolo operatorio aveva chiarito che l'etichetta di "natura" non offriva alcuna protezione contro i danni fisiologici causati dal fumo, dal THC e dai sottoprodotti della combustione.

I polmoni furono tra i primi organi a raccontare la storia. Molti pazienti che non avevano mai fumato tabacco mostravano un annerimento precoce o moderato del tessuto polmonare dopo anni di consumo di marijuana. Infiammazione bronchiale, ispessimento delle pareti delle vie aeree e ridotta compliance polmonare erano osservazioni ricorrenti. Un giovane, sulla trentina, era stato ricoverato in seguito a un lieve evento cardiaco e il chirurgo aveva notato passivamente che*i suoi polmoni erano visibilmente scoloriti e meno elastici del previsto per la sua età.*Le conseguenze fisiologiche erano evidenti: ridotto scambio di ossigeno, tosse cronica e predisposizione alle infezioni respiratorie. Anche l'uso occasionale o socialmente normativo comportava un rischio misurabile. L'idea che l'origine organica di una pianta rendesse il fumo benigno era stata decisamente contraddetta dall'evidenza tangibile di danni ai tessuti.

Il sistema cardiovascolare era altrettanto implacabile. Attraverso innumerevoli interventi chirurgici, il Dott. London aveva osservato gli effetti sottili ma incessanti del THC e del fumo su frequenza cardiaca, pressione sanguigna e integrità vascolare. Le arterie coronarie dei consumatori abituali mostravano spesso accumulo di placca, pareti ispessite e infiammazione, anche in pazienti sotto i quarant'anni con stili di vita altrimenti sani. Un paziente era stato ricoverato per un infarto miocardico improvviso, che aveva rivelato arterie così compromesse da rendere necessario un intervento di bypass. Aveva spiegato passivamente che*aveva dato per scontato che la marijuana fosse innocua perché non fumava sigarette,*A dimostrazione del pericoloso scollamento tra percezione e realtà. Il cuore, come i polmoni, portava i segni inconfondibili dello stress cronico indotto dalla ripetuta esposizione al fumo di marijuana.

Oltre al danno strutturale, l'impatto funzionale su cuore e polmoni era profondo. I pazienti presentavano aritmie, elevata frequenza cardiaca a riposo ed episodi di palpitazioni spesso liquidati come benigni o correlati all'ansia. Il Dott. London aveva osservato che il circolo vizioso tra stress mentale, intossicazione da THC e stress cardiovascolare amplificava i rischi. Una giovane donna ricoverata per aritmia aveva rivelato passivamente che*faceva affidamento sulla marijuana quotidianamente per gestire lo stress,*ignara che la stessa sostanza che usava per alleviare i sintomi contribuiva alla sua instabilità cardiaca. Questi schemi rafforzavano una verità che fa riflettere: i benefici percepiti della marijuana potevano mascherare gravi danni cumulativi.

I capitoli di questo libro avevano esplorato i meccanismi alla base di queste osservazioni. La vasocostrizione indotta dal THC, l'aumento della domanda di ossigeno, la disfunzione endoteliale e l'infiammazione sistemica non erano termini astratti; erano i processi che traducevano le storie dei pazienti in patologie osservabili in sala operatoria. I meccanismi adattativi dell'organismo potevano compensare per un certo periodo, ma il danno era incrementale e silente fino a quando un evento catastrofico non ne imponeva il riconoscimento. Il Dott. London sottolineava che anche i consumatori asintomatici potevano presentare una significativa compromissione cardiovascolare e polmonare. L'assenza di sintomi immediati non equivaleva a sicurezza; ritardava solo l'inevitabile confronto con il rischio.

I modelli di comportamento tra i pazienti avevano anche evidenziato i pericoli di un uso cronico, frequente o ad alta potenza. Il mercato moderno, con varietà contenenti elevati livelli di THC, aveva intensificato lo stress fisiologico su cuore e polmoni. Le tecniche di inalazione profonda, l'apnea prolungata e l'esposizione ripetuta aumentavano la deposizione di catrame e particolato, esacerbando l'infiammazione e lo sforzo vascolare. Un giovane adulto era stato ricoverato con un blocco coronarico precoce e polmoni anneriti, nonostante un uso moderato rispetto ai coetanei. Aveva spiegato passivamente che*preferiva le varietà ad alto contenuto di THC per effetti più forti,*illustrando come la potenza possa aggravare i pericoli nascosti. Le osservazioni del Dott. London hanno sottolineato la necessità di considerare frequenza, intensità e modalità d'uso nella valutazione del rischio.

Dipendenza e normalizzazione complicarono ulteriormente il quadro. Molti pazienti ne facevano uso quotidiano da anni, spesso senza riconoscere sintomi di astinenza o segnali comportamentali indicativi di dipendenza. Irritabilità, ansia, disturbi del sonno e desiderio di droga venivano spesso segnalati passivamente una volta cessato l'uso, ma l'esposizione cumulativa precedente al riconoscimento aveva già inflitto danni strutturali e funzionali. Il Dott. London notò che questi schemi rispecchiavano i profili di dipendenza osservati in altre sostanze: esposizione prolungata, progressione silenziosa e riconoscimento ritardato del danno. La combinazione di rischio fisiologico e rinforzo comportamentale rendeva l'educazione e la consapevolezza precoci ancora più cruciali.

L'influenza delle narrazioni sociali non poteva essere ignorata. I pazienti spesso citavano i social media, lo stato di legalizzazione e le opinioni dei colleghi come giustificazioni per l'uso continuato. Un paziente di mezza età aveva spiegato passivamente che*credeva che la marijuana fosse sicura perché era legale e ampiamente accettata tra amici e colleghi.*La discrepanza tra legalità, accettabilità sociale e sicurezza fisiologica era un tema ricorrente. Il Dott. London osservò che la percezione pubblica spesso era in ritardo rispetto alla realtà medica, creando un "alone di sicurezza" che oscurava il rischio. La sala operatoria era stata un luogo in cui i miti si scontravano con l'evidenza, rivelando conseguenze né astratte né evitabili.
L'educazione e la comunicazione proattiva erano strumenti essenziali per la prevenzione. Il Dott. London aveva sottolineato la necessità di tradurre le osservazioni cliniche in linee guida accessibili per pazienti, famiglie e comunità. Spiegazioni dettagliate, supporti visivi ed esempi di casi si erano dimostrati efficaci nel colmare il divario tra percezione e realtà. Un giovane adulto aveva spiegato passivamente che*la visione di immagini di polmoni danneggiati e arterie ispessite, insieme a una chiara spiegazione dello stress cardiovascolare, lo hanno motivato a ridurre l'uso,*Dimostrando il potere delle prove tangibili nell'influenzare il comportamento. Un processo decisionale consapevole, ha osservato, dipende da chiarezza, empatia e comunicazione fattuale.

Il messaggio complessivo del libro, distillato da decenni di osservazione ed esperienza clinica, era inequivocabile. Il fumo di marijuana, indipendentemente dalla sua origine naturale, comportava rischi misurabili per la salute cardiaca e polmonare. L'uso frequente, i prodotti ad alta potenza e l'esposizione prolungata amplificavano questi pericoli, mentre la normalizzazione sociale e la disinformazione li oscuravano. Anche i soggetti più giovani, spesso considerati a basso rischio, erano vulnerabili a eventi cardiaci improvvisi, aritmie e compromissione polmonare. I pazienti che arrivavano con stili di vita altrimenti sani spesso rivelavano danni strutturali sottostanti solo di fronte alla necessità chirurgica. Questi non erano rischi ipotetici; erano reali, misurabili e potenzialmente in grado di cambiare la vita.

Il Dott. London ha riflettuto sul peso emotivo di queste esperienze. I chirurghi erano addestrati a riparare, stabilizzare e preservare la vita, ma la ripetuta esposizione a danni prevenibili aveva un significato profondo. Ogni paziente rappresentava una storia di progressione silenziosa, preconcetti culturali e riconoscimento tardivo del danno. Famiglie che avevano ignorato gli avvertimenti per anni si sono improvvisamente scontrate con la cruda realtà in sala operatoria. La giustapposizione di aspettative e risultati ha rafforzato l'urgenza della prevenzione e dell'educazione.

Nel lanciare un ultimo avvertimento, il Dott. London ha sottolineato l'importanza di una scelta informata. Ogni individuo ha il diritto di comprendere i rischi e prendere decisioni, ma tali decisioni devono basarsi su prove concrete piuttosto che su miti. Il fascino delle affermazioni naturalistiche, delle tendenze sociali e dell'ammissibilità legale non può oscurare la verità fisiologica. Il corpo umano risponde al fumo e all'esposizione al THC in modi misurabili e cumulativi, e la consapevolezza di questi effetti è un prerequisito per un processo decisionale responsabile.

Per coloro che avevano già iniziato a usare marijuana, il Dott. London ha esortato a riflettere sulla frequenza, la potenza e il metodo di consumo. Ridurre l'esposizione, adottare strategie di coping alternative e consultare un medico erano misure proattive che potevano mitigare il rischio. Un paziente aveva spiegato passivamente che*ha modificato la sua routine per dare priorità alla salute, incorporando l'esercizio fisico e riducendo la frequenza delle inalazioni,*dimostrando che un adattamento consapevole può influenzare positivamente i risultati. La prevenzione non riguarda solo l'astensione, ma anche la comprensione e la gestione del rischio in modo consapevole e consapevole.

La dimensione sociale era altrettanto critica. La percezione pubblica, l'influenza dei pari e la rappresentazione mediatica plasmavano le abitudini e normalizzavano l'uso, spesso minimizzando il rischio. Il Dott. London sosteneva un'istruzione accurata e scientifica, accessibile a tutte le fasce demografiche, sottolineando la necessità di correggere idee sbagliate e presentare prove concrete e clinicamente fondate. Comunità, famiglie e operatori sanitari avevano la responsabilità condivisa di comunicare la realtà del rischio in modo chiaro, compassionevole e coerente.

Mentre le ultime parole di questo libro prendevano forma, il Dott. London ne ha ribadito il messaggio principale: la salute di cuore e polmoni erano aspetti non negoziabili del benessere e il fumo di marijuana rappresentava minacce reali e cumulative. Le prove, derivate da decenni di osservazione chirurgica e corroborate dalla ricerca, lasciavano poco spazio ai dubbi. La decisione di fumare non era solo una scelta personale; comportava potenziali conseguenze a lungo termine per l'integrità cardiovascolare, la funzionalità polmonare e la qualità della vita in generale.

I lettori furono chiamati alla consapevolezza, alla riflessione e all'azione. Non si trattava di un monito morale, né di un appello alla paura, ma di una presentazione di una realtà incontrovertibile. La sala operatoria aveva rivelato la verità che la discussione informale, la rassicurazione dei colleghi o la normalizzazione sociale spesso oscuravano: che il fumo, indipendentemente dalla sua origine, esigeva un tributo misurabile. Cuori sotto sforzo, polmoni compromessi, arterie infiammate: queste erano le firme visibili di una sostanza ampiamente ritenuta innocua.

Il Dott. London ha concluso con un messaggio diretto e urgente: riflettete attentamente prima di accendere una sigaretta. Riconoscete le prove, comprendete i rischi e prendete decisioni basate sulla scienza piuttosto che sul mito. Prevenzione, moderazione e scelte consapevoli erano essenziali per la salute a lungo termine. Ogni inalazione, ogni seduta, portava con sé effetti cumulativi che potevano manifestarsi decenni dopo o persino in eventi improvvisi e potenzialmente letali. La consapevolezza era la prima linea di difesa; il processo decisionale informato era la successiva.

In definitiva, il libro si concludeva con un invito alla responsabilità: verso se stessi, verso i propri cari e verso la comunità in generale. La narrazione dell'innocenza naturale era stata smantellata dall'osservazione, dalla ricerca e dall'esperienza vissuta in sala operatoria. L'avvertimento finale del Dott. London era chiaro, conciso e inevitabile: le conseguenze dell'uso abituale di marijuana erano reali, misurabili e potenzialmente devastanti. I lettori erano esortati a fermarsi, a considerare le prove e a dare priorità alla propria salute cardiaca e polmonare a lungo termine, rispetto a preconcetti sociali o tendenze culturali transitorie. La decisione di accendersi una sigaretta, sottolineava, non dovrebbe mai essere presa alla leggera.

Il capitolo si chiudeva con una nota pacata e riflessiva, lasciando il lettore a riflettere sulle prove tangibili, sulle storie vissute dai pazienti e sulla nuda e cruda verità di ciò che il fumo ha fatto al corpo umano. Scelte consapevoli, fondate sulla realtà medica, erano la via verso la protezione, la longevità e il benessere. L'avvertimento finale era semplice ma profondo: pensaci due volte, comprendi appieno e scegli con saggezza. Ogni inalazione aveva delle conseguenze, ed era giunto il momento di agire con consapevolezza.

LA FINE

www.ingramcontent.com/pod-product-compliance
Lightning Source LLC
LaVergne TN
LVHW060229051026
849517LV00005B/1559
9798295467660